思想觀念的帶動者

文化現象的觀察者

本土經驗的整理者

生命故事的關懷者

心靈工坊 PsyGarden

Holistic

探索身體，追求智性，呼喊靈性

攀向更高遠的意義與價值

是幸福，是恩典，更是內在心靈的基本需求

企求穿越回歸眞我的旅程

心靈寫作

——創造你的異想世界

Writing down the bones
—freeing the writer within

作者—娜妲莉・高柏（Natalie Goldberg）
譯者—韓良憶

〔序〕用寫作來調心

淡江大學教育心理與諮商研究所助理教授
呂旭亞

與娜妲莉的書相遇是在我開始論文寫作的初期。每天一人孤獨地坐在書桌前，面對巨大的寫作計畫和成百上千的資料。腦中思緒四處流竄，可是一提筆就膠著不能動彈。越是想寫，越不知從何下手，每一個地方都可以動筆，但是太多想法糾結纏繞，要想清楚卻怎樣也無法做到。書越看越多，筆卻越來越沈，「想清楚再寫」是我當時的信念，只不過腦袋被越來越多的閱讀填滿，書寫的勇氣卻日益消退。我求助於我的寫作老師，她告訴我，當她遇到寫作困境的時候最常用的一本書是娜妲莉的《心靈寫作》。對她而言，讀一小篇她的文章，就好像得到一劑強心針，有能力在停滯的地方爬起來繼續進行一段，多寫一些。既是老師的聖經，我當然趕快到書店取經。從此之後，這本書也成了我的手邊書。在我論文寫作最沮喪、面對最巨大的自我懷疑時，它成了一盞照明燈。

娜妲莉．高柏的這本《心靈寫作》是教導創意寫作的經典之作。一九八六年出版之後，就成為北美所有教授寫作及寫作治療的人必讀、必引述的一本書。這樣一本小書，篇幅短少、文字直接、清楚、樸素，看似平凡之作卻在出版後成為暢銷名著，銷售超過一百萬冊。是教導寫作書籍中的異數，佔據同類書中的頂端。

成名後的娜妲莉一個人住在新墨西哥州沙漠裡的小城道斯。仍是每天跑步、教寫作，和不停的做自由書寫練習。她很老實的告訴人們，她的方法不會把一個沒有寫作天分的人變成大文豪，可是她卻可以教導一個接觸、探索自己幽邈世界的方法。她的方法可以幫助人找到創作的勇氣和熱情，打破僵化的寫作形式。

對娜妲莉而言，寫作就像修行、坐禪。喜歡就寫，不喜歡也寫；有靈感寫，沒靈感照寫；快樂、痛苦、颳風、下雨都要寫。一旦決定寫作，不管外境如何，都要找出時間來寫。寫得好壞不重要，寫出來的成果不重要，重要的是有沒有坐下來開始做，有沒有允許自己寫到心底去。「寫」這一個動作，成為我們唯一的目標。寫出來的文字只是「寫」這個過程的紀錄而已。

寫作的難，娜妲莉最清楚。她常要誘騙自己去寫作，就像父母和孩子談條件，功課寫完了才可以看卡通、打電玩。娜妲莉的巧克力布朗尼就是她引誘自己寫作的餌，寫完了今天的份才可以吃一塊布朗尼。寫作的阻撓太大，待在家裡藉口誘惑又太多，娜妲莉帶著自己在所住的城市裡，到處流浪找咖啡館寫作。她想盡辦法要讓自己創作的熱情可以持續，許多年下來她發展出了自由寫作的一系列工作方法。這些都是她調伏心靈的法門。

娜妲莉曾說過這本書的書寫時間極短，只花了她兩、三個月的時間就完成了，並且是一次定稿，幾乎完全沒有更動原創的文字，也就是說這是她以自由寫作的形式下完成的作品。可是在此之前的娜妲莉用她摸索出來的方法獨自書寫了七、八年持續不斷，因而這本書的理念早已像堆肥一樣層層疊疊的在心底累積、醞釀，並且在她每日的自由書寫，與每次的寫作教學中反覆鍛鍊，這本書才得以一氣呵成。一如修行的過程，辛苦而漫長，其中各種阻撓叢生，可是覺悟卻是發生在剎那之間。悟性開了之後，修行的功夫仍是每日要做的功課。對娜妲莉而言，寫作就是一個這樣的練習，不管寫作成就多大，寫作練習的功夫仍是要持續做下去。

娜妲莉對待寫作的態度，其實是一種學禪的態度，她的方式就是一個修行的方法。她跟隨她的老師片桐大忍禪師學禪，然後再將坐禪的方法及意念運用在寫作上，因而在寫作上有了大突破。寫作和坐禪一樣都要面對難以馴服的心，坐在蒲團，靜觀數息有什麼難？筆寫我口、筆寫我思有什麼難呢？真正艱鉅的是面對心的抗拒、心的恐懼、心的狂野。所以，自由書寫就是展現心靈的歷程。她強調，持續的練習，不等待靈感，不問結果，只重視過程的態度，讓寫作的筆帶自己進入「寫」的未知。向未知領域探索，正是創造的精神。

娜妲莉要你坐下來打開本子就寫。在紙上快速奔跑，不要回頭看。不要字斟句酌，寫錯字不打緊，一邊寫一邊哭也不要停，讓筆快速的在紙上滑過。在寫的過程中，要說的、要想的會慢慢清楚，寫作的主題才會漸漸展現。不要回頭修改，只要繼續向前，把空白的頁面填滿。預先計劃得太細微的寫作計畫，常會形成一個大綱罩住自己，而讓心無法自由，筆不能盡情。如果你預先訂好了主旨、大綱，流暢與靈感就被擋在規則之外了。

娜妲莉用她自己所發展的寫作方法，實踐了她自己的禪修，用她熟悉且熱愛的寫作找到了一個馴服自己與釋放心靈的方法。任何人拿起紙和筆，依循著她的指示，都可以領會體驗娜妲莉書中的字句。這本書，會是你孤獨寫作、自我陪伴的私房老師。

〔前言〕

創作的精神

茱蒂絲・蓋斯特

幾年前，我在清掃祖母的閣樓時，找到一只橡木畫框，裡頭框著一句格言：「竭力工作，心存善念。」記得當時我哈哈大笑，心想，這兩句話八竿子打不著邊，竟被相提並論，實在可笑。如今我卻覺得，這句格言太有道理了，真不懂當年我怎麼沒有體會到這一點。

「讓整件事如花一般的綻放：詩和寫詩的人，並對這世界常保善念。」娜妲莉・高柏在〈再談星期一〉這一章中如此寫道。這一章談到該如何找到工作與日常生活的目的，以及我們自己的聲音。這本文集對寫作有著睿智且洞澈人心的觀察，並向讀者提供可靠又實用的訣竅；文筆生動有活力，句句誠實真摯，令我泫然欲泣。好的寫作帶給人的就是這種感覺，本書讓人自始至終都有這種很棒的感覺，真是不簡單！

起初，當我接到郵寄來的書稿，並被詢以能否為這本書寫前言的時候，心想：「天哪，不要吧，我從來沒寫過前言，不知道該怎麼寫。」我同時也相信，這項艱鉅的任務涉及某種特殊的公式（H2O?NaC1?），而我並沒有適當的經驗或資格，因此無能為力。我在搭機飛往底特律為親戚送葬途中展閱書稿，那一回是我們家族在一年當中第三次舉行葬禮。我的伯父吉姆六月過世，祖母在十一月撒手人寰，堂兄巴德則在三月的一個星期六身故，而那天是我五十歲生日。在那之前的一年多期間，我埋首創作一本小說，故事大致上脫胎自我的家族史。可是那一陣子我卻感到意志消沈，好像弄不清楚自己到底想說什麼。我知道我不想光是堆砌各種事件和軼事，我多多少少想挖掘出家族的真相。然而，又有誰了解真相呢？我自己好像並不很了解，因此無法掌控手上的題材；我陷入這個令人乏味又沈重的故事題材當中，但覺前途茫茫。這就是我開始閱讀這本書稿時的所有心情。然而才看了十頁，我就知道我有辦法寫前言；看到第二十六頁，我已經寫了起來；到了第三十頁，我已經寫滿了兩張紙（我上飛機時帶了紙筆），而且忙不迭地在娜妲莉的信紙背面，為自己潦草地記下更多的筆記。

對我而言，本書最成功之處，也就是它所探討的重點，便是讓人得以隨心所欲地思索腦袋裡油然而生的想法，而後將之寫下，並使其言之有理。我不知道為什麼此一寫作方法能帶來如此巨大的轉變，但它真的就是辦到了。

要是我在出版了拙作《凡夫俗子》（Ordinary People）後，便讀到這本解惑之書，那將會是多大的鼓舞啊！書成多年之後，我仍在告訴自己，我其實算不上是個作家，而是個騙子——一個運氣很好的騙子。我寫出了第一本小說，且獲得非凡的成功；我跌跌撞撞地踏上了祕密之道，並挖掘出規則，且得到了許多讚美。可惜，凡此種種對我寫作下一本小說並無助益。我心裡真是難受，我怎麼這麼快便把一切都忘光光了？足足有六年之久，我心力交瘁，直到我終於體認到，用來寫作《凡夫俗子》的規則完全不適用於接下來的情況。我當然會碰到困難。我手上在寫的是一本不同的小說，我正在探索一條新的道路。

有項事實往往遭人忽視，那就是，作家寫作並不是要傳授知識給別人，他們之所以寫作，乃是為了要告知他們自己。本書處處證實了一件事：寫作是件辛苦的工作，心思必須集中，而且必須達到複雜詭譎的平衡，「不可拒世界於千里之外，而應讓眾生共存。」每讀一個新篇章，我心裡便又多了幾個人名，這些都是我想把這本書拿給他們看的人。首先是我的兒子約翰，他從小學四年級起便想寫作，卻遲未付諸行動；接著是我的一位朋友，她是位退休的小兒科醫師，八十二歲時開始書寫她在廿世紀初以女性身分進入醫學院就讀的往事；還有位女友，平日靠接案子替公司行號寫文稿維生，但是一直夢想要寫小說；另一位朋友寫信的文筆之流利簡潔明朗，不亞於我歷來所讀過最上乘的散文。「誰都用得著這本書，」我不斷地想著：「而且每個人都需要它！」

就在撰寫這篇前言期間，我找到了眼前困境的癥結，在〈細節的力量〉這一章裡，我讀到「對生活確實存在的真實事物給予神聖的肯定」；此外，在〈即興寫作攤〉這一章裡，有句話躍然跳出我眼前：「……絕對不要低估人們，每個人都想聽真話。」剎那間，我明白自己問題出在哪裡。我的確是在寫一本關於我家族的小說，心裡也的確有話要講，可是寫出來的東西卻不是原本想要的樣子。我之所以陷入窘境，並不是因為無法掌控素材，而是我太想要掌控它。我甚至在尚未寫作以前，就想證明自己對於素材的掌握是多麼聰慧靈巧。於是，那「神聖的肯定」遂在某處被焦躁的「不對，事情不是這樣」取而代之。我必須放空，事情就是這麼簡單。你有沒有過滿懷欣喜，想把自己的鞋子往上拋到人民銀行大樓上面的經驗呢？我的巴德堂哥會如此形容，而那正是我當時的心情。

身為作家的我們，最好只花一次工夫便學會我們的課程，這樣才算夠有效率且聰明。如果做不到，那麼手邊備有一本《心靈寫作》可以省下不少傷心，甚至可以拯救你的生命。娜妲莉・高柏實為優秀的詩人和散文作家，她已尋覓到新的聲音。放眼當今文壇，這本書確實能給有志寫作者最大的幫助和鼓舞。

CONTENT

目錄

CONTENT

目錄

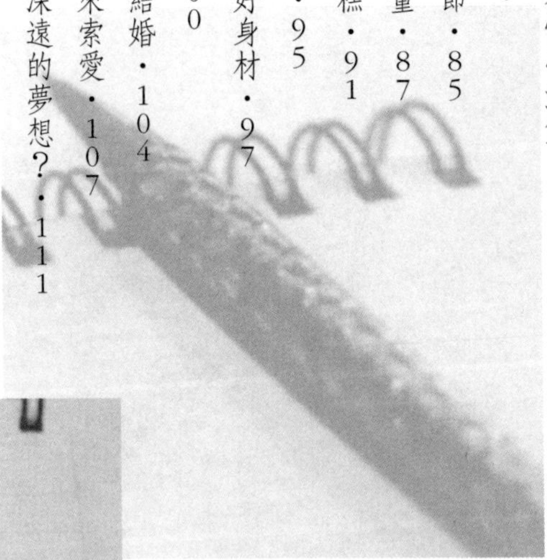

CONTENT

目錄

CONTENT

目錄

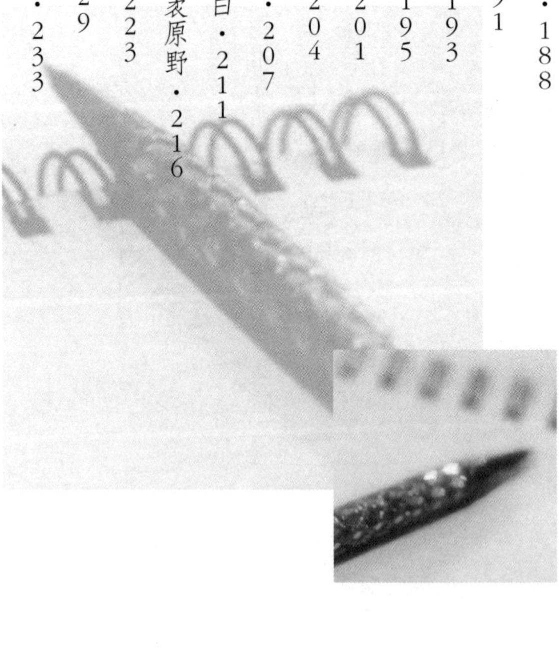

CONTENT
目錄

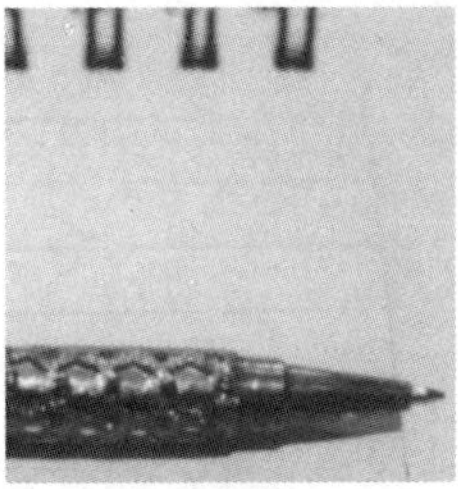

獻給我過去、現在以及未來
所有的學生
獻給凱特·格林
以及芭芭拉·史密茲
願我們能在天堂咖啡館碰頭
寫作至永遠

1. 引言

讀中小學的時候，我是個曲意承歡的模範寶寶。我想讓老師喜歡我，我學習逗點、冒號和分號；寫起作文來，句句清楚分明，然而既乏味又枯燥，文中不帶一絲個人原創的想法或真實的感受。我只是急於把我以為老師們想要的東西拿給他們看。

到了大學時代，我愛上了文學，簡直是狂愛啃。為了要記牢傑拉德．曼利．霍普金斯【譯註1】的詩作，我用打字機一遍遍地把詩句打了又打。我大聲誦讀彌爾頓（John Milton）、雪萊（Shelley）和濟慈（Keats）的詩，然後暈陶陶地躺在宿舍窄小的床鋪上。在六〇年代末期就讀大學時，我幾乎清一色只讀英格蘭和歐洲其他地區的男作家作品，而這些作家大多已不在人世。他們和我的日常生活距離十分遙遠，雖然我熱愛他們的作品，但無一能反映我的生活經驗。我想必是下意識在猜度，寫作並不在我的知識範疇內。我當時完全沒想過要提筆寫作，不過私底下憧憬著能嫁給詩人。

大學畢業以後，我發覺沒有人會聘請我讀小說以及為詩而暈眩陶醉，於是和三位朋友在密西根州安娜堡的紐曼中心地下室，合夥開了家福利餐廳，供應自然食品午餐。當時正值七〇年代初，餐廳開張前一年，我嚐到生平第一顆梨。餐廳的名字叫「裸體午餐」（Naked Lunch），語出威廉・布洛斯【譯註2】的小說——「在時光凝凍的那一片刻，人人都看到了每根叉子頂端叉住了什麼東西。」早上，我烘焙葡萄乾鬆餅和藍莓鬆餅；興致來的時候，甚至會烤花生醬口味的。我當然希望顧客會愛吃這些鬆餅，不過我曉得，如果我懷著在意的心情烤餅，它們通常都蠻好吃的。我們創造了那家餐廳，我們再也不需要答出偉大的答案，以便在學校裡拿到A的好成績。就從那時起，我開始學會信任自己的心靈。

有個星期二，我煮普羅吐斯煨什蔬【譯註3】當午餐。當你為餐廳作這道菜時，可不是光切顆洋蔥和茄子便可了事；料理檯上堆滿了洋蔥、茄子、節瓜、番茄和大蒜。我花好幾個小時切菜，有的切塊，有的則是切片。那天晚上下班後走路回家途中，我在史戴特街上的珊提柯書店停下腳步，在書架之間流連。我看到一本薄薄的詩集，是艾莉卡·瓊恩【譯註4】的《水果和蔬菜》。（瓊恩當時還未出版小說《怕飛》，尚且默默無名。）我翻開書頁看到的第一首詩，講的竟是煮茄子的事！我好驚訝：「妳的意思是說，這種事也可以拿來作文章嗎？」這麼思空見慣的事物？我日常做的事？我茅塞頓開。回家以後，我決心開始寫我知道的事，開始相信自己的想法和感受，不去顧盼自己身外的事物。我已經不是小學生了，我想說什麼便說什麼。我提筆寫起我的家人，因為沒有人會指責我說得不對，在這世上，我最了解的人就是他們。

這一切都已經是十五年前的事了。有位朋友曾對我說：「相信愛，它便會帶你到你需要去的地方。」我想加上以下幾句：「相信你所愛的事物，堅持做下去，它便帶你到你需要去的地方。」別太過擔憂安全與否的問題，一旦你開始去做自己想做的事，內心深處終將獲得很大的安全感。話說回來，我們當中又有多少享有高收入的人真的擁有安全感呢？

過去十一年來，我在許多地方教寫作班；在新墨西哥大學；在喇嘛基金會；

在新墨西哥州的道斯（Taos）教嬉皮；在阿布奎基（Albuquerque）教修女；在布爾德（Boulder）教少年犯；任教於明尼蘇達大學及內布拉斯加州諾福克（Norfolk）一所名為東北學院的技術學院；擔任明尼蘇達州的校際詩人；在家裡為男同志團體開星期日晚上寫作班。我一遍又一遍地採用同樣的方法來教學生，那是一項基本知識，也就是相信你自己的心，並對自己的生活經驗培養出信心。我百教不厭不說，更因此有了益發深入的了解。

我從一九七四年起開始學打坐。自一九七八至一九八四年，我在明尼亞波利斯的明尼蘇達禪學中心正式拜在片桐大忍老師（Dainin Katagiri Roshi，Roshi即為老師，是禪師的頭銜）門下學禪。每當我去看他並請教學佛的疑惑，每每聽得一頭霧水，直到他說：「妳曉得，就好像在寫作的時候，妳……」他一舉寫作為例，我便了解了。大約三年前，他對我說：「妳為什麼來學打坐？為什麼不用寫作來修行？只要妳鑽研寫作夠深入透徹，便可隨心所欲。」

這本書談的便是寫作，它也談到用寫作來修行，幫助自己洞察生活，使自己心神清澄。書中所談有關寫作的各點，亦可轉而應用在跑步、繪畫，或任何你所喜愛並決心在生活中從事的事物上。當我把書中數章讀給吾友——克雷超級電腦公司（Cray Research）的總裁約翰．羅維根（John Rollwagen）聽時，他說：「怎麼搞的，娜妲莉，妳是在談做生意嘛。做生意也是這樣，沒有什麼不同。」

學習寫作並非一道線性過程，沒有什麼從A至B至C的邏輯方式可以讓人變成好作家。關於寫作，並沒有一個簡單明瞭的真理便足以解答所有的疑惑，世上有許多關於寫作的真理存在。練習寫作意味著最終你得全面探討自己的生命。指點你如何將腳踝斷骨接合的知識，並不能教你如何補蛀牙。本書的某一段落可能會表示寫作須簡潔明朗，這是為了幫你改掉行文抽象、散漫不著邊際的毛病。然而，另外一章卻又叫你放鬆，順著情緒的波動而寫，這是為了激勵你確實說出內心深處需要說的話。或者在某一章裡頭說設立工作室，因為你需要有私人的寫作空間；可是到了下一章又講：「走出家門，遠離骯髒的碗盤，去咖啡館寫作。」有些技巧適用於某些時候，有些則適用於其他時候。每個片刻都不一樣，需以不一樣的方式因應才會奏效。凡事皆無一定的對錯。

我教學生時，總要他們「寫下骨幹」，亦即寫出他們心中基本且清明的想法。然而我也曉得，我不能光是講：「好，把事情寫清楚，而且要實話實說。」我們在課堂上試用不同的技巧或方法，學生到頭來終於開竅了，便會明白他們需要說什麼，以及需要如何說出來。不過，我可不會講：「好，到了第三堂課，等我們探討過這個和那個，你們就會寫得好了。」

讀這本書也是如此。你可以一口氣把書看完，頭一回讀畢時效果或許會不錯；你也可以隨意翻開一章，就讀那一章，書中每一章都自成完整的段落。看書時放鬆心情，用整個的身體和心靈慢慢地吸收。而且，不要光是看書而已，動手寫吧，相信自己，明白自己的需求，並且運用這本書。

【譯註1】傑拉德・曼利・霍普金斯（Gerard Manley Hopkins，1844～1889），英國詩人。

【譯註2】威廉・布洛斯（William Burroughs，1914～1997），美國「失落的一代」代表作家之一，《裸體午餐》乃其名作。

【譯註3】煨什蔬（Ratatouille）為普羅旺斯名菜，用小火慢煨洋蔥、茄子、番茄和節瓜等蔬菜而成。

【譯註4】艾莉卡・瓊恩（Erica Jong，1942～），美國知名女權主義作家。

2. 初寫者的心、筆和紙

我很喜歡教入門班，因為我必須重回初寫者的心靈狀態，重拾我對寫作最初的想法和感受。從某方面來說，每一回坐下來開始寫作，我們都必須重返初寫者的心靈狀態。兩個月前我們寫了篇好文章，但這並不能擔保我們能再一次寫出佳作，這事可是說不準的。說實在的，每一回動筆時，我們都在納悶自己以前到底是怎麼做到的。每一回都是一趟新的旅程，而且沒有地圖。

因此，當我教寫作班時，都必須把同樣的故事從頭到尾再講一遍，心裡同時得記住，學生們都是第一次聽到這個故事，我必須從最開頭的地方講起。

首先來看你要用來寫字的那支筆。這支筆必須能書寫流利快速，因為腦袋思想的速度永遠快過手寫的速度，你可不會願意讓一支慢筆更加減緩你手寫的速度吧。原子筆、鉛筆和毛氈筆都慢，尤其是毛氈筆。到文具行去，看哪種筆讓你寫起來最順手。試用不同種類的筆，而且別買太花俏、太昂貴的筆。我多半用價廉的西華（Sheaffer）鋼筆，一支大約一・九五美元，它還有可替換的墨水夾。多年下來，我已買過成百上千支，每種顏色都買過，雖然它們常會漏水，可是寫起來很快。新上市的鋼珠筆寫得也挺快，但是有一點不大好控制。你會希望能感受得到筆接觸紙面的連結感和質感。

也得想想你的筆記本，這一點很重要。它是你的工具，就好像木匠少不了槌子和釘子一樣（幸福吧，只要一點點成本，你就能作生意了！）有時候，有人會買高價的硬皮記事本，龐大又笨重，而且因為本子外觀精巧好看，你會以為非得在上頭寫好些文章才配。相反地，你應該覺得，就算在紙上寫下全世界最爛的垃圾文字也沒關係。給自己寬闊的空間來鑽研寫作，便宜的活頁筆記本會讓你覺得，你很快便可以將它填滿，然後另買一本。此外，這種筆記本也易於攜帶。（我常買筆記本大小的皮包。）

加菲貓、大青蛙劇場、米老鼠、星際大戰等，我愛用這種封面很好笑的筆記本。每年九月開學時，這類筆記本就會上市，售價比一般的活頁筆記本貴一點，可是我喜歡它們。打開史奴比封面的筆記本很難叫我太過一本正經，這也讓我比較容易能找到它們——「喔，對了，那年夏天我是用西部冒險系列的筆記本。」多試用不同的種類：內頁空白、劃線，或印有圖案的；硬皮或軟皮包裝的。到最後，它都得為你效勞。

筆記本的大小也有關係。小的筆記本可以裝進衣服口袋裡，可是這麼一來，你也只能記下小的想法。但這也無所謂，美國名詩人，同時也是小兒科醫師的威廉・卡羅斯・威廉斯（William Carlos Williams，1883～1963），就趁著看診等病人的空檔，在處方箋上寫了不少詩。

細節

大夫，我找了你好久哇
我欠你兩塊錢

你好吧？

很好，等我一弄到錢

就帶來給你哪【原註1】

在他的詩集中，可以看到許多處方箋篇幅的詩作。

有時，你可能會想把思緒直接用打字機打出來，而不想寫在筆記本上。寫作運用到身體，因此會受所用工具的影響。打字時，你用手指敲鍵盤，打出來的是一個個黑色的字體：你內在的另一個層面可能會因而浮現。我發覺當我在寫帶有強烈情緒的文章時，我非得先手寫在紙上不可。手寫的動作和心情的波動有著比較緊密的關連。然而，當我要寫故事的時候，則會直接用打字機。

還有件事你不妨一試，那就是對著錄音機講話，看看說出自己的想法並直接將聲音錄下來的感覺如何。或者把它當成方便行事的辦法：你可能正在縫衣服的邊，而這讓你想起了有關你前夫的往事，你想把它寫下來。你的雙手忙著縫紉，可是你有張嘴可以對錄音機講話。

我很少用電腦工作，但我能想像用蘋果電腦寫作的滋味：把鍵盤放在膝上，閉上雙眼，就這麼一直打下去。電腦會自動換行，那叫做「線回」（wrap-around），你可以沒完沒了地敲鍵下去，不必擔心打字機到了一行終了，會發出叮的一聲。

勇於實驗，甚至試著在大張的繪圖紙上寫作。內在的世界誠然會創造外在的世界，然而外在世界和我們所使用的工具也會影響我們思想成形的方式。試著用飛機在空中噴煙寫作。

要慎選工具，可是也不要太過小心翼翼，以致緊張兮兮，或花在文具行的時間比花在寫字桌前的還多。

3. 初始的意念

寫作練習的基本單位乃定時演練。隨你喜歡，你可以替自己設定十分鐘、二十分鐘或一個小時，多久都行。一開始你可能想先設定短一點的時間，一星期以後再增加，或者你可能第一回便想埋首寫作一個小時。隨便怎樣都好，重要的是，不管你選定的時間有多長，都必須遵守，並寫完整個時段。

1. 手應當不停地寫。（不要停下來重讀你剛才寫的那一行，那只是在拖時間，並在設法掌控你正在說的話。）

2. 不要刪除。（那是在編輯你寫的東西，就算寫出來的並不是你原本打算寫的東西，也隨它去。）

3. 別擔心拼錯字、標點符號和文法。（甚至別去管是否把字寫出了格子，或超出線。）

4. 放鬆控制。

5. 別思考，別想著要合乎邏輯。

6. 直搗要害。（倘若你寫出了可怕或太過赤裸裸的東西，那就一頭鑽進去，其中說不定蘊藏了很多能量。）

以上即為規則，必須確實遵照，因為你的目標就是要竭盡所能回到初始的意念，回到能量未受社交禮節或內在壓抑阻撓之處，回到你把心靈實際所見與所感都寫出來的地方；而不是心靈以為它該見到或該有的感受。這是捕捉你心靈奇妙之處的絕佳機會，藉以探索思想嶙峋不平的邊緣；就像切根胡蘿蔔似的，讓你的意識將紙張染得如生菜沙拉一般五色繽紛。

初始的意念藏有巨大的能量，呈現心靈對某件事物靈光一閃的最初反應。但內在的潛意識壓抑往往會抑制它們，我們因而生活在第二手、第三手想法的世界裡：思索再思索，再三地遠離了和初始靈光的直接聯繫。比方說下面這句話——「我把喉嚨上的雛菊割掉了」突然浮現心頭，可是我受過一加一等於二邏輯訓練的腦子，經過深思，基於禮貌、恐懼，加上對自然無矯飾的語言感到難為情，於是會這麼說：「胡說八道，你聽起來一副想自殺的樣子。別讓人見到你在割喉嚨，人家會以為你是神經病。」如果我們聽任潛意識的壓抑發威，我們會寫出：「我的喉嚨有點痛，所以我什麼話也沒講。」合宜但無趣。

初始的意念亦未受到「自我」（ego）的阻礙，我們內在的這個機制一直設法要取得控制，想證明這個世界是永恆、充實、持久且合乎邏輯的。然而世界卻不是永恆不變的，它時時在變動，並充斥著人類的苦難。因此，一旦你表達出不受自我約束的東西，文中也會充滿著能量，因為它表達了世事的真相；你的文章並未負擔自我造成的包袱，你乘著人類意識的波浪前進了一會兒，並用個人的細節來描述這趟旅程。

坐禪時，你得把背挺直，雙手置膝或置於身前，盤腿坐在叫做zafu的坐墊上，這個姿勢名為「手印」（mudra），你面對白牆，留心自己的呼吸，不管心裡感覺如何——心頭洋溢能捲風般的怒火和抗拒也好，還是像大雷雨般的喜悅與悲哀也好，你都得持續坐著，背挺直，面牆盤腿打坐。你學會一件事：不論內心的思潮或情感有多澎湃，都得不動如泰山。繼續坐著，這便是得遵守的紀律。

寫作亦是如此。當你接觸初起的意念時，你必須當個偉大的鬥士，從這些意念寫起。特別是在一開頭的時候，你可能會感到情感洋溢且能量充沛，因而難以自持，但切勿停筆。應持續用你的筆記錄生命的細節，並洞悉這些細節的核心。在初級寫作班上，常有學生讀了自己方才所寫的東西以後，痛哭失聲。這無傷大雅，他們也常邊寫邊哭。我鼓勵他們透過淚眼閱讀或寫作，如此才能顯現出另一面，而不再受情緒擺佈。流淚時不要停下，勇往直前探究真相。這就是該守的紀律。

為什麼初起的意念能量如此豐富？因為它們牽涉到清新的氣息與靈感。靈感意味著「吸納」，吸納神靈，你的世界因而變得比本來的寬廣，而初始的意念隨即顯現出來。它們並不掩飾眼前正在發生的事情或感受。當下洋溢著巨大的能量，事情該怎樣便怎樣。我有位信佛的朋友一回在打坐完以後說：「打坐後，色彩變得更鮮活了。」教她打坐的師父表示：「活在當下，世界才會真的活過來。」

4. 把寫作當成練習

這裡是寫作練習學校，和跑步一樣，越常練習，表現越佳。偶爾你會提不起勁，三哩的路程，每一步都在抗拒，可是你還是勉為其難地跑了。有興致也好，沒興致也罷，你都得練習，可不能坐等靈感來了，想跑的欲望湧現了，才開步前進。靈感和欲望絕對不會自動來報到，尤其當你身材已經變形，而且一直在逃避，更休想它們會來。然而倘若你定期跑步，訓練自己的心志去適應，或不去理會那股抗拒的心情，你就是去跑，並且在跑到一半的時候，愛上了跑步。當你接近終點的時候，反而極不願意停下腳步。一旦停步了，便渴望下一次的跑步。

寫作亦是如此，你一旦埋首寫作，便會納悶，自己怎麼會耽擱了那麼久才終於坐在書桌前。經由練習，你確實得到進步；學會更加信賴深層的自我，並且不屈從於心底有意逃避寫作的那個聲音。有件事真是奇怪，那就是我們從來不會質疑足球隊在一場比賽之前，是否應該花上好長一段時間練球，可是碰上寫作這回事，我們卻難得給自己練習的空間。

寫作時，不要說：「我將寫作一首詩。」這種心態會使你當場呆掉。儘量不對自己有所期許，坐在桌前，說：「我有寫出世上最爛的垃圾的自由。」你必須給自己空間，沒有目的，痛快地寫。我過去的一些學生說，他們決定寫作偉大的美國小說，但連一行也沒寫出來。要是你每一回一坐下，都期待著要寫出偉大作品的話，寫作帶給你的，永遠只有大大的失望。此外，那份期待也會讓你遲遲無法動筆。

我規定自己，一個月寫完一本筆記本。（我總是為自己設下寫作的行動綱領。）把本子填滿就算，那便是練習。我的理想狀況是，每天都寫。我說了，那是理想狀況，要是沒達到理想，我會小心地不責難自己或慌張著急，沒有人能事事符合理想。

我才不管筆記本頁邊或頂端的空白，我把整頁寫得滿滿的，我已不再是為老師或交作業而寫，我是為自己而寫，不必顧慮任何限制，連頁邊空白也不必在意，這讓我得到心理上的自由和許可。而當我寫作的時候，我其實是在作烹飪，往往會忘掉標點符號、拼字等等。我也注意到，我的筆跡有了變化，變得較大、較鬆散。

學生在課堂上寫作時，我常四下環顧，我看得出有哪些學生在某個片刻真的埋首其中，寫在當下；他們更為投入，身體姿態也顯得放鬆。這又和跑步一樣，跑得很順的時候，會覺得沒有什麼阻力，你全身上下都在運轉，你和跑者結為一體。寫作到真的很順時，寫作的人、紙、筆、思緒，統統都不見了。你只是寫啊寫的，別的事物都消失了。

寫作練習的主要目的之一，就是學會信賴自己的心靈和身體，並培養耐性和不具侵略性的態度。藝術的世界何其遼闊，一首詩或一篇短篇小說根本無關緊要，重要的是寫作的過程和人生。有太多作家寫出偉大的著作，人卻發瘋、酗酒或自殺了。寫作的過程教我們保持神智清明，我們在寫詩和小說的同時，應設法保持心智正常。

藏傳佛教大師創巴仁波切說：「遭逢巨大的反對力量時，我們必須保持開放。雖然沒有人鼓勵我們開放，但我們仍須一層層剝開心扉。」練習寫作亦當如此：我們必須保持開放，信任自己的聲音和過程。到頭來，如果過程良好，結果也會良好，你會寫出佳作。

有位朋友曾表示，每當她準備為一張畫得不錯的黑白素描塗色時，總是先拿幾張不怎麼在意的素描練習一番，以便暖暖身。寫作練習也是為你想寫的其他任何東西作暖身動作；它是底線，是寫作最初始、最基本的開端。你所習得對自己聲音的那份信任，會從而受到導引，創造出一封商業信函、一本小說、一篇博士論文、一齣劇作，或一本回憶錄。然而，它也是你必須一再重拾的東西。別以為：「我懂了！我知道該如何寫作了！我信任自己的聲音，我要著手去寫偉大的美國小說了。」著手去寫小說是好事，可是別停止寫作練習。這是讓你維持不走調，就好像舞者在跳舞以前得先暖身，或跑者在起跑前得作柔軟體操一樣。跑步的人不會說：「喔，我昨天跑過了，身體很柔軟了。」他們每天都會暖身，做伸展動作。

寫作練習擁抱你整個生命，但不要求任何邏輯形式：沒什麼第十九章需承續第十八章的動作這回事。這是一個你可以狂野自在、無拘無束，把夢見奶奶的湯的事和窗外千奇百怪的雲層揉合在一起的地方；它沒有特定的走向，只與當下整個的你息息相關。把寫作練習想成是一雙慈愛的臂膀，讓你沒有邏輯、沒有來由，一心只想投入。那是我們的原始森林，我們在此凝聚能量以後，才開始修剪我們的庭園，寫作我們優美的書籍和小說。要持續不斷的練習，不可荒廢。

就是現在，請坐下，把這一刻交給我，不管此時你腦中有什麼思緒，寫出來。你可能從「這一刻」寫起，最後卻寫到七年前你出嫁那一天所佩戴的梔子花。這樣也行，別試圖控制它。不論你腦子裡湧現了什麼，堅守當下這一刻，而且讓你的手不停地寫下去。

5. 堆肥

要將經驗自意識中篩檢出來，需要一段時間。好比說，熱戀當頭很難寫戀愛這回事，我們失去了洞察力，光會一再地講：「我在熱戀。」要描寫我們搬去不久的城市也非易事，它尚未進入我們的身體。縱使我們已能開車去藥房不致迷路，也不算了解我們的新家，我們尚未在那兒度過三個冬天，或看見湖上的野鴨秋去春返。海明威坐在巴黎的咖啡館裡寫密西根，「或許離開了巴黎，我可以寫巴黎，就像在巴黎的時候，我可以寫密西根。我並不曉得當時猶嫌太早，我還不夠了解巴黎。」【原註2】

我們的感官本身缺乏動力，它們接收經驗，可是接下來需要藉由我們的意識和整個身體做大幅的篩動一段時間，才能把這些經驗篩選出來。我稱此為「堆肥」。我們的身體是垃圾堆：我們收集經驗，而丟擲到心靈垃圾場的蛋殼、菠菜、咖啡渣和陳年牛排骨頭，腐爛分解以後，製造出氮氣、熱能和非常肥沃的土壤，我們的詩和故事文章便從這片沃土裡開花結果。不過，這並非一蹴可及，而需假以時日。不斷翻掘你生命裡的有機細節，直到有些細節從散亂無章的思緒垃圾堆裡篩落下來，落到堅實的黑土上。

每次有學生寫了好幾頁文章，並在課堂上朗讀時，就算他們寫得並不見得很好，我仍欣見他們探索自己的心靈，找尋素材。我曉得他們會繼續下去，不會只執迷於「心血來潮」式的寫作，而會保持練習的過程。他們在爬梳他們的心，把表層淺淺的思緒翻轉過來。只要我們持續處理這個原始素材，它將以一種不流於神經質的方式，帶領我們一層層更深入自我，我們將開始看見心靈深處那一片豐美的花園，然後以它來寫作。

我通常會把想說的東西試寫多次。比方說，翻開我從一九八三年八月至十二月的筆記本，你會看到我在一個月當中，好幾次試圖想寫我父親臨終時的事。我不斷探索、堆砌那個素材。然後突如其來，不知怎的，到了十二月，當我動也不動地坐在明尼亞波利斯可頌快餐店的座椅上，關於這個主題的一首長詩逕自筆尖泉湧而出。我不吐不快的所有乖離、異質的東西，突然有了能量，結合為一體——自堆肥當中，綻放出一朵鮮紅的鬱金香。片桐老師說：「小小的意志力成不了事，必須拿出龐大的決心。龐大的決心並不單單只有你在努力，它意味著整個宇宙都在背後支持你，與你同在——鳥兒、樹木、天空、月亮，還有十方。」在堆了許多肥以後，你與星辰、當下那一刻，或飯廳天花板上的水晶吊燈，豁然結盟了，你的身體張開、說話了。

了解這個過程，可培養人的耐性，並減少焦慮。我們無法控制每件事情，連自己要寫的東西也掌握不了。在此同時，我們必須保持練習，我們不能以此為不寫作的藉口，而坐在沙發上吃糖果。我們必須持續堆肥，使它更肥沃，好讓美麗的花朵能從沃土中綻放，並讓我們的寫作肌肉強健有力，在宇宙穿行而過我們的時候，可與它同遊。

這份了解有助於我們接受別人的成功，而不致變得太過貪婪。那個人只不過碰上好時機罷了。我們這輩子或下輩子也會碰上好時機。沒關係，繼續練習吧。

6. 藝術穩定性

我有一大疊活頁筆記本，高約五呎，最早寫於一九七七年左右，那時我住在新墨西哥州道斯市，剛開始寫作。我想丟棄它們，誰受得了看自己的心靈垃圾變成白紙黑字的寫作練習呢？我有位朋友在新墨西哥用啤酒罐和舊輪胎蓋太陽能房屋，所以，我也想要試著用廢棄的活頁筆記本蓋一間。住在我家樓上的一位朋友講：「不要丟掉嘛。」我告訴她，如果她想要的話，那就統統送給她。

我把筆記本堆在通往她家的樓梯上，然後逕自出發到內布拉斯加州的諾福克，教四天的寫作班。等我回家，她滿臉怪異地看著我，砰地一聲猛然坐在我臥室的粉紅色舊椅子上：「我整個週末都在看妳的筆記。有的部分一連好幾頁都好私密、好可怕、好沒有安全感；然後突然之間，它們都不像是妳，而只是原始粗礪的能量和狂野的心。可是這會兒妳在眼前，娜妲莉，妳有血有肉，不過就是個人而已。這感覺好詭異。」我覺得很高興，因為我並不在意她看到了我的真面目；我很開心，我想要有人了解我。我們對許許多多別人或自己的神話毫不在意，所以一旦有人看到我們真實的面貌，並且接納我們，我們就會滿心感謝。

她說，讀我的筆記本給了她力量，因為她領悟到我真的會寫「廢話」，有時整本都是廢話。我常告訴學生：「聽好，我會寫，而且是一連幾頁都在寫自怨自艾的可怕玩意兒。」但他們不相信我的話。只消讀讀我的筆記本，便可活生生地證明我所言不虛。我的樓上鄰居說：「如果妳那時可以寫出那樣的垃圾，而現在又可寫出這種文章，這讓我體會到，沒有什麼事是辦不到的。心靈的力量如此巨大，我覺得自己像是一個很了解自個兒能力的人！」她說，她從筆記本裡整篇整篇的怨言、枯燥的描繪，以及血脈賁張的怒氣裡，主要看到一樣東西——對練習寫作過程的絕對信任。「我看到妳即使寫出了『我一定是發神經了，才會這麼做』的句子時，還是持續地寫下去。」

我確實相信這個過程。新墨西哥州山丘氣候乾燥，我的日子枯燥乏味又漫長，道斯僅有的一家電影院一連半年都在上映《大白鯊》。我相信在生活的表層之下，或者在生活的正中央，一定存在有某樣真實的事物，但自己的心靈卻往往讓我要嘛昏昏欲睡，要嘛心有旁騖；然而我所擁有的，也就只是自己的心靈和生命，因此我開始把它們寫出來。「我讀著這些筆記本，越讀越覺得，就是這種寫作造就了今天的妳，這證明了妳也是個人。」

一旦你開始用這種方式來寫作，也就是直接了當地抒發心聲，你可能就得接受接下來五年的時間裡，寫出來的都會是垃圾，因為這些垃圾已累積不只五年，而且始終樂得躲藏在我們心裡，不願去面對。我們必須正視自己的惰性、缺乏安全感、自怨自艾，以及深恐自己根本沒啥值得好說的那種心態。誠然，每當我們開始做一件新的事情，眼前往往會出現阻力。這會兒你有機會不去逃避或被一腳踢開，而要把這些傻呼呼的聲音化為白紙黑字，面對它們，看看它們在講些什麼。一旦你的寫作從這堆垃圾和堆肥裡開花結果，花朵便會持續且穩定地綻放。你面對一切，不逃之夭夭，就會感覺到自己逐漸擁有藝術的穩定性。如果你不害怕自己內在的聲音，也就不會畏懼別人對你的批評了。此外，那些聲音只不過是護衛貨真價實的寶藏的魔鬼罷了，而那貨真價實的寶藏就是心靈初始的意念。

事實上，我一讀起以前的筆記本，就不禁覺得有點太過縱容自己，給自己太多的時間漫遊在散亂無章的思緒當中，我本該早一點停步的。然而，了解可怕的自我是件好事，不必加以讚美或苛責，只須認可就好。然後，從這份認知當中，我們有了更好的準備，能夠選擇美、寬厚體恤的心和澄澈的真理。我們腳踏實地做出這個選擇，而不是揹負著恐懼，四處亂竄地尋找著美。

7. 列張寫作練習的題目表

有時我們坐下來預備寫作，卻想不出來寫什麼才好。那一頁的空白看來可能挺礙眼，一連十分鐘都在反覆練寫「我想不出來要說什麼。我想不出來要說什麼。」也真是件挺煩人的事。不妨在筆記本裡留下一頁，一想到什麼寫作的構想或題目，便趕快記在這一頁上。那可能僅僅是你聽到的一句話，比方說，有回我在一家餐廳向一位侍者埋怨另一位的不是，他回答：「我曉得他這個人挺怪的，不過呢，要是有人喜歡隨著不同的節奏跳舞，我說：『就讓他們跳吧。』」也可能是一閃而過的回憶：祖父的假牙；去年你不在的時候，紫丁香聞起來如何；八歲時穿著雙色便鞋的你。什麼都有可能，每次一想到什麼，就加進題目表上。下一回當你坐下來準備寫作時，便可從表上隨便抓個題目開始寫。

列表是有好處的，會讓你開始留心日常生活中的寫作素材，而你的寫作便展現出你和生活和生活肌理之間的關係。堆肥的過程如是展開，你的身體開始消化翻轉你的素材，因此，即使在你並未真正坐在桌前寫作之時，仍有部分的你在耙土、施肥、吸收太陽熱能，為寫作這株墨綠色植物的成長作種種準備。

坐下寫作時，如果花太多時間思考要怎麼開頭，你那顆不安份的心可能會在眾多題目當中東轉西轉，始終無法在紙上寫下一個字。因此，題目表也有助於你加速啟動寫作，減少阻力。自然的，一旦開始寫，你的心靈對題目的反應可能會讓你頗感訝異。這是件好事，不要設法控管你的筆寫什麼；別干預，讓你的手不停地寫下去。

在你尚未列出自己的題目表前，這裡有些寫作構想可供參考：

1. 說說透窗而來的光線質感，趕快寫，就算現在是晚上，窗簾都拉起來了，還是說你寧可寫北極光都無所謂，寫就是了。寫十分鐘、一刻鐘或一個小時。

2. 從「我記得」寫起，寫很多細微的往事。如果陷入龐大的回憶裡，就寫那個，一直寫下去，別管那段往事是發生在五秒鐘以前，還是五年以前。在你寫作時，只要不是當下發生的事，就是復甦的往事。如果僵在原處寫不下去時，就重寫一遍「我記得」，然後繼續寫下去。

3.選一樣給你感受強烈的事物，不管感受是正面或是負面的，把它當成是你熱愛的事物寫寫看。用熱愛的心態，能寫多久便寫多久。然後整個推翻，把同一樣事物當成是你痛恨的東西寫寫看。最後不帶好惡，以完全中立的心態寫一遍。

4.選一個顏色，比方粉紅，然後出門散步一刻鐘，一路上留心凡有粉紅色的人事物，然後回家打開筆記本寫一刻鐘。

5.在不同的地點寫作，好比說在自助洗衣店，隨著洗衣機轉動的節奏寫。在公車站、咖啡館寫，寫下你周遭所發生的事。

6.告訴我你早上做了什麼：吃早餐、醒來、走到公車站牌。描述得儘量明確，放慢腦子轉動的速度，重新審視一早上的細枝末節。

7.回想你眞心喜愛的某個地方，想像自己就在那裡，環顧周遭的細節，一一寫下來。可能是臥室的一角、整整一個夏天你曾閒坐其下的一棵老樹、家附近一間麥當勞的某張桌子，或是河畔某處。那兒有什麼樣的顏色、聲音和氣味？當別人讀到這篇文字時，應該能了解置身在那裡的滋味；應該能感受到你有多麼喜愛那個地方，並不是因爲你說了你很喜歡，而是從你處理細節的方式看出端倪。

8. 寫關於「離開」，隨便你想用哪種方法寫都行。寫你離婚、今天早上離開家門，或朋友即將不久於人世的事。

9. 你最初的記憶是什麼？

10. 哪些是你曾愛過的人？

11. 寫你居住城市的大街小巷。

12. 描繪祖父或祖母。

13. 寫寫看：

游泳

星星

你最害怕的一次

綠地

你如何知道有關性的事

你的第一次性經驗

感到與神或大自然最接近的一次經驗

改變你的人生的文章或書籍

肉體的耐力

你以前的一位老師

別淪於抽象，把眞實的東西寫出來，誠實地寫，並寫出細節。

14. 拿本詩集，隨意翻開一頁，抓一行抄下來，就從這一句開始寫。有位朋友稱這方法爲「離頁書寫」。從一行偉大的文字寫起是頗有助益的事，因爲你是從巍然之處著手。「我將在巴黎死去，在一個雨天……將是一個星期四，」詩人西撒．瓦耶霍【譯註1】寫道：「我將在星期一的十一點鐘死亡；星期五的三點鐘，在南達科他州駕駛牽引機，在布魯克林坐在一家小吃舖裡」等等【原註3】。每次文思堵塞，就回頭重寫第一行句子，而後繼續寫下去便可。重寫第一行會使你有個全新的開始，有機會走到另一個方向——「我不想死，而且我才不在乎我是在巴黎、莫斯科，或俄亥俄州的洋斯城。」

15. 你是哪種動物？你是否覺得骨子裡自己其實是隻牛、花栗鼠、狐狸，還是馬？

開始蒐集你自己的寫作素材和題目，這是很好的練習。

【譯註】西撒．瓦耶霍（Cesar Vallejo，1892～1938），祕魯詩人。

8. 打豆腐

紀律始終是個殘酷的字眼。我一直以為，紀律能打敗而降服我懶散的那一部分，可是從來就不管用。獨裁者和抵抗者依然纏鬥不休：

「我不想寫。」

「你給我寫。」

「等一下再寫，我好累。」

「現在就寫。」

於是，我的筆記本始終一片空白，這是自我必須不斷抗爭的另一種方式。片桐老師說得好：「打豆腐。」豆腐乃是黃豆做成的酪狀食物，質地細密、味道溫和、外觀潔白。和豆腐搏鬥是件徒勞無功的事，只是白費力氣。

如果你內心的多個角色想打架的話，就讓他們打吧。在此同時，你內在神智清楚的那一部分應該悄悄地挺身而出，拿出筆記本，從比較深沈、比較寧靜的地方寫起。可惜的是，那兩個打架的人常常跟著你來到筆記本旁邊，他們畢竟活在你的腦袋裡，我們可沒辦法把他們留在後院、地下室或托兒所。因此，你可能需要給他們五或十分鐘在你的筆記本上發言。就讓他們寫吧。妙的是，當你給這些聲音寫作的空間時，他們的怨言很快就變得枯燥乏味，惹人煩膩。

那只不過是一種反抗而已，自我可是很有創意的，且能設想出詭詐至極的反抗伎倆。我有位朋友前陣子開始寫她的第一本小說，據她講，坐在打字機前的頭十分鐘，她就只是在寫自己是個多爛的作家，竟然還妄想寫小說，真是愚蠢至極。隨後她會抽出那張稿紙，將之撕碎，然後開始從事手頭的工作——小說的下一章。

必須想出辦法讓自己動筆，否則，洗碗盤或隨便什麼能讓你規避寫作的事情，都會變成天底下最重要的人事。總之，閉嘴、坐下，寫，就對了。這樣做很痛苦，但寫作是很單純、基本且嚴苛的事，沒什麼有意思的小玩意兒能使它變得好玩一點。我們狂躁亂竄的心寧可坐在怡人的餐廳裡，向朋友傾訴我們抗拒寫作的事，或到心理治療師那裡，尋求解決我們在寫作上碰到的僵局。我們喜歡把單純的事複雜化。有段禪語說：「說話時便說話，行走時便行走，死亡時便死亡。」該寫作時便寫作，別讓自己和內疚、控訴及暴力的威脅戰鬥。

不過，講完上述這些，我要告訴你幾個我曾用來輕輕推自己一把的小計策。

1.我有好一陣子一個字也沒寫，於是我打電話給一位文友，約好一週之後同她見面，接著回去工作。我非得寫出點東西來給她看不可。

2.我教寫作班，必須把交待學生做的作業也寫出來。我可不是在寫了好多年以後，才開始教寫作。十年前我住在道斯，當時那兒沒有多少作家。我需要文友，因此召集了一個女性寫作小組。我一面教導她們，一面學會寫作。印度瑜伽行者巴巴哈里達斯（Baba Hari Dass）說：「因爲要學，所以教。」

3.一早醒來以後，我會說：「好，娜妲莉，早上十點以前，妳愛幹嘛就幹嘛。一到十點，手就得握著筆。」我給自己若干空間和外在的限制。

4.一早醒來，並不多想，梳洗完畢，和人交談，然後直接走到桌前，開始寫。

5.過去兩個月以來，白天我都在教課，一週五天。回到家後，筋疲力竭，很不情願寫作。離我家三條街外有間很棒的可頌店，有最美味的手製巧克力碎粒餅乾，一片才美金三毛錢。他們也聽任你坐在店裡寫東西，坐多久都行。工作後回家一個小時左右，我告訴自己：「好，娜妲莉，如果你去可頌快餐店寫上一個小時，就可以吃兩片巧克力碎粒餅乾。」通常，不到一刻鐘我就出門了，因爲巧克力是我的驅策動力之一。有個問題是：一到週五，我便放大膽子吃上四片，而不是平日限定的兩片，但只要能讓我寫作就好。通常，一旦我到振筆疾書，寫得痛快時，寫作本身便是最大的報償。

6.我設法一個月寫滿一本筆記本，不重質只重量——寫完滿滿一本筆記本，就算寫的是垃圾也無所謂。要是今天已是這個月的二十五號了，而我只寫了五頁，到月底前尚有七十幾頁得塡滿，那麼接下來五天，我可得寫上一大堆了。

不妨使出各式各樣無傷大雅的小伎倆，只是別陷入無止盡的罪惡感、逃避和壓力的惡性循環裡。該是寫的時候到了，就寫吧！

9.煩人的編輯

習作時，應該將創作者和編輯，亦即內部檢查員分開來。這很重要，因為如此一來，創作者才能享有呼吸、探索和表達的自由空間。要是編輯喋喋不休，煩死人了，而且你也無法將這個聲音和創作的聲音區隔開來，那麼一有需要的時候，乾脆坐下，寫出編輯的意見，讓這傢伙暢所欲言——「你是個大笨蛋，誰講過你能寫啊，我討厭你的作品，爛透了，光看都覺得丟臉。你講的都是沒價值的玩意，而且呀，你連拼字也拼不好……」這聽來是不是蠻耳熟的？

你越了解編輯，便越能置之不理。就像醉醺醺的老糊塗在那兒咕咕噥噥，要不了多久，編輯的聲音就會變成背景傳來的若有若無閒談聲。別聽信那些空洞無意義的話，這樣只會壯大其勢力。倘若那聲音說：「你很乏味。」而你聽信這話，停筆不寫，便會助長編輯的威信。那個聲音曉得「乏味」二字會使你呆立原地，無法舉步向前，因此你經常會聽見自己用此二字嫌棄自個兒寫的東西。把「你很乏味」當成遠處微風吹動洗好的白衣服所發出的啪啪聲。衣服終究會曬乾，遠方的某個人會把它們疊好並收進屋裡。在此同時，你也將繼續埋首寫作。

10. 不論眼前是什麼

我走進明尼蘇達州艾爾克頓（Elkton）的教室，時值四月初，學校四周的田野濕濕的，地還沒犁，也尚未播種，天空一片深灰。當我聽說拼字課上教了「拉比」（rabbis，猶太教經師）這個字眼後，我告訴這二十五位八年級學生，我是猶太人。他們從來沒有見過猶太人，我明白自己接下來一個小時的所有言行舉止都代表著「猶太人」。我一邊啃著蘋果，一邊進教室：這下子，所有的猶太人都吃蘋果了。我告訴他們，自己從來沒住過小城鎮：這下子，從來沒有哪個猶太人住過鄉下了。一位學生問我認不認識住過集中營的人；我們討論德國人，許多學生有德國血統。

他們都很親切熱情，而且深帶著敏感脆弱的氣質，惹人愛憐。他們知道自己喝的水是從哪口井打上來的，知道兩年前離家出走的貓咪不會回來，也知道跑步時髮絲撲打腦袋瓜時的感覺。我不必告訴他們任何寫詩的規則，他們原就住在詩鄉，緊貼著眾生萬物。於是我問他們：「你們從何處來？是誰？是什麼塑造了你們？」我告訴他們，我是城裡人，可是我也熟悉田野。寫作時，你可以無所不知；你可以身在此處，卻對紐約的馬路知之甚明；你可以把其他生命的一部分納入自身：「我是烏鴉之翼，遠走他方，不會歸來。」

這便是激發寫作的一個方法。走進課室之前，我並未預作計畫。我試著活在當下，無所畏懼，開放心靈，當下的狀態自會提供主題。我曉得，不論我到哪裡，皆是如此，這個小伎倆讓你永遠心靈開放。換做是在曼哈頓下城區的一所市區學校，我可能會準備好各式各樣現成的寫作練習題，因為我心裡會比較恐懼。誰叫我從小生長在紐約，聽過各種故事。這將是每個人的損失，我的損失尤其大。心裡一害怕，寫作便會受影響，因而失真。「但是你有怕的理由啊！」錯了，是先入為主的成見讓人心存恐懼。

我在一九七〇年大學畢業之初，曾在底特律擔任公立學校的代課老師。在那之前發生過種族暴動，學生之間散發出一種強烈的黑人權力（black power）情緒。當時我很天真，剛搬到底特律不久，覺得每件事物都新鮮，對什麼都保持開放態度。記得有一回我奉派至一所全是黑人學生的中學當英文代課教師。我心想，「棒極了。」我大學主修的便是英文。我揣著我那本封皮破破爛爛的《諾頓英國文學選》，開車教書去。上課鈴聲響，那班十一年級學生走進教室——「嗨，小姑娘，你來這兒幹嘛？」他們顯然不會乖乖坐好，可是我並不在意。這堂是英文課，而且我熱愛文學。「聽我講，先別急，我想和你們分享這幾首我很喜歡的詩。」我對他們朗讀我最愛的詩——傑拉德．曼利．霍普金斯的〈神之華〉，大學時代我常大聲朗誦這首詩，惹得室友們怨聲載道。我用同樣的力氣向底特律那班英文課學生朗讀，讀完以後，全班鴉雀無聲。接著有位學生抓了本藍斯頓．休斯【譯註】的詩集，推過來給我，說：「唸唸這些。」整整五十分鐘，我們大聲朗讀學生想聽的黑人詩作。

作家每回提筆寫作時，都要把它當成是自己的第一次。艾爾克頓的一位教師把我請到一邊，說：「注意看課桌底下，地板上的泥土都是他們的鞋子踩出來的。這是個好徵兆，意味著春天來了。」我驚嘆不已地看著。

如何激發寫作構想，亦即要寫的東西呢？凡是在你眼前的，不論是什麼，都是一個好的開始。然後走出去，到大街小巷，任何地方都可以去，把你知道的都告訴我。就算你無法證明或者尚未下苦工鑽研你所知的事物，都無所謂。我熟悉艾爾克頓四周的田野，因為我是這麼說的，而且我想永遠徜徉其間。即使這個永遠指的可能只是你以駐校詩人、牽引機推銷員或西行旅人的身分，在那兒待的一個星期，也不必在意。用你的寫作佔有你想要的任何事物，然後放手，任其離去。

【譯註】藍斯頓．休斯（Langston Hughes，1902～1967），美國黑人詩人、作家。

11. 汲取地下水

別擔心自己的才華或能力不足：持之以恆地練習，才華便會有所增長。片桐老師說：「能力好比是地表底下的地下水。」無人擁有這水，然而你可以汲取。你努力下工夫汲取，它終將歸你使用。所以，只管不斷練習寫作，一旦你學會信任自己的心聲，便得引導這聲音。想要寫小說，就寫小說；假如你想寫的是散文或短篇小說，那就寫這兩樣。在寫作過程中，你將學會如何寫作。你會信心滿滿，相信自己終將身懷所需的絕技和手藝。

然而，人們卻往往懷抱著貧乏的心態開始寫作；他們心靈空虛，跑去請教老師、去上課學寫作。我們藉著寫來學寫作，事情就是這麼簡單。求諸於外，去找我們以為是寫作專家的人，反而是學不會寫作的。我有位可愛的胖子朋友，一度決心要開始作運動。他到書店去找本書，好參考閱讀一下！但光是讀有關運動的書減輕不了體重，得實際作運動才能減肥。

公立學校有一點很可怕，那就是他們招收原是天生詩人和故事寫手的年輕孩子們，讓他們讀文學作品，然後抽身站到一邊，談起「有關」文學的話題。

獨輪手推車

威廉・卡羅斯・威廉斯作

如許之多
都仰仗
一輛紅色獨輪
手推車

染沾著雨水
閃閃發光
就在白色的
雞的旁邊

「詩人所謂的『紅色獨輪手推車』代表什麼意思?他指的是夕陽嗎?是馬車嗎?它又為什麼『染沾著雨水閃閃發光』呢?」一大堆問題。他所指的,就是輛獨輪手推車而已;車是紅的,因為它就是紅的,而且天剛剛才下了雨。很多都仰仗著它,因為詩乃是啟蒙覺悟的氛圍時刻——在那一瞬間,那輛手推車以它本有的模樣喚醒了威廉斯,它代表了一切。

一般在教詩的時候,都弄得好像詩人在其文字當中藏了一把祕密鑰匙,讀者的職責便是要找出這把鑰匙。詩並不是推理小說。我們應當儘量貼近作品本身,學著按照詩人所描述的,精確地喚回詩的意象和文句。別遠離作品的溫暖與熱力，光是談論「關於」作品的話題；緊靠它們，如此便能學會如何寫作。始終緊靠原創的作品，緊靠著你具有原創力的心靈，從那兒寫起。

12. 我們並不是詩

問題在於，我們以為我們活著；我們以為我們的言語字句是永恆堅實的，將永遠銘刻在我們身上。錯了，我們寫在當下，寫作只是那一瞬間的事。有時我在朗讀會上讀詩給陌生人聽時，領悟到他們以為那些詩就是我。然而，即使我以第一人稱唸詩，它們仍然不是我，而是我的思緒，是我的手，是我寫作當時的空間和情緒。留心觀察自己，我們分分秒秒都在變動。這是一個很好的契機，我們隨時都可以從凝凍的自我和意念抽離出來，作全新的出發。寫作便是如此，它並不會凍結我們，反而解放了我們。

把某樣事物記述下來——敘說自己對前夫、對舊鞋子的感覺，或關於在邁阿密的一個陰天早晨吃到一份乳酪三明治的回憶——就在那一刻，你寫出的文字終於和你內心所感連結在一起；就在那一刻，你獲得解放，因為你已不再與你的內心爭鬥；你已接受它們，與它們為伴。我有首詩，詩名叫做〈無望〉，那是一首長詩。我總認為那是一首喜悅的詩，因為我藉以寫出了沮喪和空虛，從而讓我重拾生機且一無所懼。然而，當我朗讀這首詩時，讀者卻表示：「好悲哀。」我試著說明，可是沒有人聽進去。

我們必須記住，我們並不是詩。別人要怎麼反應都行；而如果你寫的是詩，可能根本不會有反應，對這一點要有心理準備。不過，這樣也沒有關係。力量始終存在於寫作的行動當中，必須一次又一次，不斷地回到寫作，別因他人欣賞你的詩而昏了頭。受到欣賞固然令人陶然，然而大眾接著會要你一再地朗讀他們最喜歡的那幾首詩，直到你厭煩為止。作些好詩，隨即放手不管；出版這些詩，朗讀一下，然後繼續寫作。

我還記得高爾威·基尼爾【譯註】在他的傑作《夢魘書》（Book of Nightmares）剛出版時的神采。那是個星期四下午，在安娜堡，我當時尚未聽說過他，連他的名字該如何發音都搞不清楚。他吟唱著那些詩；這些詩剛完成不久，他仍為之興奮，而且有很大的成就感。六年後，我在新墨西哥州聖塔菲（Santa Fe）的聖若望再次聽到他朗讀那本詩集。在那六年當中，他不知道已唸過那些詩多少次，他已倒盡胃口。他照本宣科，匆匆唸完之後，放下詩集，說：「酒會在哪兒舉行？」對他而言，那些詩已經不再具有任何危險的成份，空氣裡已不再有電光火花。

和你的詩作凍結在一起、因某幾首詩而大獲激賞是件痛苦的事。真正的生命存在於寫作當中，而非經年累月一再朗讀同樣的幾首詩。我們不斷地需要有新的洞察和觀點，我們生活的世界也非一成不變。你無法在一首詩裡便挖掘出永恆不滅、一輩子都能讓你滿意的真理。別太強烈地認同自己的作品，應該在那些白紙黑字的背後保持流動的彈性。那些文字並不是你，而是貫穿你全身的某個偉大片刻；是你趁著腦子夠清醒，而得以寫下並捕捉到的一個片刻。

【譯註】高爾威．基尼爾（Galway Kinnell，1927～），美國當代詩人。

13. 人吃車

數年前報上登了篇文章——我並沒讀到這篇文章，而是聽人轉述的——在印度有位瑜伽行者吃下了一輛汽車。並不是一下子吃掉一輛車，而是在一年期間，慢慢吃完。說正格的，我挺喜歡這一類故事。他的體重增加了多少？他當時幾歲？齒牙俱全，一顆不少嗎？連化油器、方向盤和收音機都吃下肚了嗎？車子是哪個牌子？他有沒有把汽油一併喝下？

我把這故事講給明尼蘇達州歐瓦托納（Owatonna）的三年級小學生聽。他們席地坐在我跟前的藍色地毯上，神情迷惘，開口提出那個至為明顯的問題：「他為什麼要吃車子呀？」接著表示：「好噁！」可是有個髮絲剛硬直豎的棕眼學生，卻只是盯著我瞧，然後爆笑出聲，我也跟著大笑起來。這個小學生將是我一輩子的好朋友。真是太棒啦！有個傢伙吃下了一輛汽車欸！這件事打從頭就不講邏輯，根本就是荒唐。

就某種程度而言，我們寫作就該當如此。不要問「為什麼？」不要在糖果堆（或火花塞）中精挑慎選，而應貪得無饜，讓我們的心靈吞食一切，然後使出渾身解數將它們吐落在紙上。我們不該心想：「這是個寫作的好題材」或「我們不應當談這個」，而應該百無禁忌，無所羈絆。寫作、生活和心靈是一體的，不可分割。如果你的思想空間夠巨大，能夠任憑別人吃汽車，那麼你也能把螞蟻看成是大象，把男人視為女人。你將能看穿洞悉所有的形體，如此一來，所有的分野都將消失。

這便是隱喻（metaphor）。隱喻並不是說一隻螞蟻**好像**一頭大象。或許吧，牠們畢竟都是活生生的生命。但不是這樣的，隱喻是在講，螞蟻**就是**大象。邏輯上來講，我自然明白兩者是不同的。假如你把大象和螞蟻放在我面前，我相信每一次我都能正確地指認出大象和螞蟻。因此，隱喻必定來自和注重邏輯的知性腦袋截然不同的地方；它來自英勇無畏之處，敢於擺脫我們先入為主的成見，充分對外開放，因而看得出螞蟻和大象之間的相同點。

不過，別為隱喻擔心，別想：「我得寫幾個隱喻，這樣才有文學意味。」首先，別想著要有文學意味，隱喻是無法勉強得來的。要是你在寫作時，徹頭徹尾都不相信大象和螞蟻是一樣的，那麼在你筆下便會顯得很虛矯。要是你徹頭徹尾相信這件事，那麼可能有人會以為你是神經病。不過，寧可被當成神經病，也不要流於虛矯。然而，該如何促使你的心相信這件事而寫下隱喻呢？

別「促使」你的心做任何事，只要擺開成見，紀錄下你腦中源源不絕的思緒就行了。寫作練習會軟化感情和理性，有助於我們保持彈性，從而讓蘋果和牛奶、老虎和芹菜之間涇渭分明的界限消逝無蹤；我們可以穿透月光，直接鑽進熊的身體裡。只要跟著思緒走，便會自然而然地飛躍起來，因為人的思想往往會即興自然地大步跳躍。這一點你是曉得的。人的腦袋無法長時間只保有一個思緒，一個念頭還沒消失，另一個又冒出來了。

你的心在跳躍，你的寫作也會跳躍，但這不是人力勉強為之的。寫作反映出初始意念的本質，亦即我們不帶成見，只重根本原則地觀察這世界的方式。我們全都連結在一起了。隱喻明白這一點，因此帶有宗教意味。螞蟻和大象之間並無分野，一切界限都消失了，彷彿我們正凝視著雨絲，或瞇眼看著城市的燈火。

14. 寫作不是麥當勞漢堡

有時我會碰到一開始便優秀得不得了的學生，這會兒我腦子裡就有這麼一位。他唸自己的作品時，空氣中帶著電光火花；他常一邊唸，一邊發抖。寫作的過程將他撕裂開來；他能夠敘說十四歲那年在精神病院的經歷、服食迷幻藥後蹣跚走在明尼亞波里街上的事，還有在舊金山坐在親生兄弟屍體旁的感受。他說多年來一直想寫作，別人也說他是塊當作家的料，可是只要他一坐下來要寫東西，便無法將心裡的感受化為紙上的字句。

那是因為他在打開稿紙以前，對於想說什麼已存有定見。當然啦，你大可坐下，想要講件事情。可是，你必須從內心深處將這想法表達出來，使它躍然紙上。別抓得太緊，使之應其所需釋放出來，而不要試圖去控制。誠然那些經驗、回憶和感受都蘊藏在我們心裡，可是你不能像廚師從烤爐拿出披薩般，要把胸中塊壘全部傾注在紙上。

寫作時，把一切都放開，設法用簡單的文字起個簡單的頭，表達內心深處的想法。一開始並不會很順利，但就算力不從心也無所謂，你正在剝除自己一層層的外衣，正在暴露自己的生命；那並不是你的自我想要呈現於外的形象，卻是你作為一個人的真實樣貌。正因為如此，我認為寫作帶有宗教意味；它將你撕裂開來，並軟化你對這個塵世的心胸。

如今，每當我脾氣暴躁、心情惡劣、不滿、悲觀、消極、覺得什麼都不對勁時，我會意識到這些都是當下的感覺。我曉得感覺會改變，我曉得那是一股想在這世上找到一個位子、想要朋友的能量。

然而，你的確會有想寫的題材——「我想寫我在舊金山過世的兄弟」——可是，下筆時不要只帶著你的理性和想法，而該用你的全身去寫——用你的心、膽識和雙臂；用如同禽獸在痛苦哀嚎般的笨拙粗糙文筆開始寫，你自會找到你的智慧、言語和聲音。

常有人講：「我獨自走在路上（或開車、購物、慢跑），腦子裡浮現了一整首詩，可是等我坐下，打算寫出來時，卻怎麼也寫不好。」我也一樣。伏案寫作是另一個活動。把走路、慢跑，還有你腦子裡當時想到的那首詩放開。現在是不同的時刻，該寫不同的詩。你或可偷偷期望前不久想到的東西會再跑出來，不過你必須放任字句自然浮現，不可勉強。

前面提到的這位學生，寫作興趣大發，因此馬上想試著寫本書。我告訴他：「慢慢來，先讓自己寫一陣子，熟悉一下寫作是怎麼回事再說。」寫作是一輩子的事，並且需要做很多很多練習。我了解他為何迫不及待，我們往往想要讓自己以為正在做件有用的事、去某個地方、完成某個目標——「我正在寫一本書」。

決定書寫大塊文章前，先給自己一些空間。學會信任你自己聲音所擁有的力量，自然而然的，它會開展出方向和需要，但這與你想達成某個目標的那種需要來自不同之處。寫作並不是麥當勞漢堡，寫作必須慢火細燉，而且一開頭時，你根本說不準燒出來的會是一頓烤肉、一桌盛宴，或是一塊羔羊肉排。

15. 迷戀

每隔一陣子，我便會寫張單子列出讓我迷戀的事物。有些迷戀改變了，不過老是會有更多讓我迷戀的項目，還有些則幸好已被拋到腦後。

作家到頭來免不了都在寫令他們迷戀的事物，是那些他們無法拋開、無法忘懷的事物；是他們藏在身體裡面，等著要傾吐的故事。

我請我的寫作班學生列出令他們迷戀的事物，好讓他們看出自己在沒清醒時候，無意識地（和有意識地）在想些什麼。列出單子以後，便可善加利用，這下子你就有張寫作素材表了。何況，最讓你迷戀的事物是很有力量的，它們是你將一再重複寫個不停的東西，你將環繞著它們寫出新的故事。因此，你最好向它們屈服吧。你情願也好，不情願也罷，它們都很可能會接管你的生命，所以你應當讓它們為你服務。

我的猶太家族是令我迷戀的主題之一。每隔一段時日，我便認定對自個兒的家人已經寫得夠多了，我可不想讓別人以為我是個離不開媽媽的小姑娘，世上還有好多素材值得寫哪。世上的確還有其他的題材，它們也會自然浮現，可是當我有意識地決定不再寫家人時，這種壓制的行動似乎也壓制了其他所有的東西，這純粹是因為我正在消耗很大的能量來躲避一樣事物。

這就像決定要節食，一口下了這個決心，食物便彷彿成為世上唯一真實的東西，不論我是在開車、跑過一條街，還是在寫記事本也好，種種行動都變成在逃避我突然之間真正想要的一樣東西的方法。對我來說，讓食物和飢餓在生命中都佔有一點空間，成效會比較好，然而不可太過，以免自暴自棄，一口氣吞下十二片甜餅乾。

書寫家人也是同樣的情形。我索性花好幾頁的篇幅來寫他們，這麼一來，他們便能在「迷戀會堂」裡佔有一席之地，從而也讓我能挪出空間寫其他題材。企圖壓制他們，他們反而會出現在我寫的每首小鎮之詩的角落邊上——即使是艾荷華州的某位農婦，聽來也像馬上要去烙猶太煎餅啦。

有個正在戒酒的人曾告訴我，酒鬼一到了派對上，總曉得酒擺在那兒、有多少酒、他們已經喝了多少，以及下一攤要到哪兒去喝。我一直不怎麼愛喝酒，但我知道自己很愛吃巧克力。聽過酒鬼的行為模式後，我開始自我觀察。第二天我到朋友家，他的室友正在烤巧克力布朗尼。布朗尼還沒出爐，我們就得出門去看電影。我察覺到，整場電影從頭到尾，我都在想著那些布朗尼；我迫不及待想趕回去吃上一塊。電影散場後，碰巧遇到幾位朋友，他們建議大夥兒找個地方聊聊。我看見自己變得驚惶失措：我想吃那些布朗尼。我隨便編了個藉口，說明我們為何得先趕回朋友家，才能再進行當晚其他活動。

人往往受不可抗拒的衝動所左右，或許只有我是這樣。不過迷戀似乎是很有威力的，要駕馭那股威力。我曉得我大多數的文友都迷戀寫作，那股迷戀和巧克力的魔力並無兩樣，不管手頭上正在忙什麼，我們總是念念不忘該提筆寫作了。這可不好玩。藝術家的日子並不悠哉，除非埋首鍛鍊你的藝術，否則你一輩子都不會自由。不過依我看，埋首創作總好過喝一缸子酒或塞下一大堆巧克力吧。我時常在納悶，所有那些有酗酒問題的作家，之所以貪杯嗜酒，是因為當時他們沒在寫作呢？還是因為他們寫不出東西來？造成他們喝酒的原因並不在於他們是作家，而在於他們是沒有在寫作的作家。

做個寫作人和提筆寫作帶給人自由的感受；寫作使你得以履行自己的職責。我原本以為自由代表為所欲為。自由其實意味著知道自己是誰，在這世上應當做些什麼，然後確實地去完成自己的責任；自由並不是叫你轉移目標，想著自己不應當再寫你的猶太家人。然而，在一切煙飛塵滅前，記錄下移居美國的那些第一代高柏家人的歷史，記錄他們當年在布魯克林、長島、邁阿密海灘的往事，就是你該扮演的生命角色。

片桐老師說道：「可憐的藝術家啊，他們活得很難受。他們完成了一件傑作還不滿意，還想繼續再做另一件作品。」的確如此，不過，假如你的心蠢蠢欲動，與其開始喝酒，變成酒鬼，或者吃掉一磅可口的奶油軟糖，變成大胖子，還是繼續創作比較好。

所以說，不見得所有令人迷戀的事物都不好，執著於謀求和平便是好事。不過，也得保持安寧平和才對，不要光想不做。迷戀寫作是好事，不過得動手寫才行，不要扭曲了這股欲望而淪落酒鄉。迷戀巧克力則不是好事，這一點我明白，它有害健康，而且不像和平與寫作，巧克力對這個世界並無助益。

曾因內容描寫薩爾瓦多的《我們之間的國度》（The Country Between Us）一書而獲得「拉蒙詩獎」（Lamont Poetry Award）的詩人卡洛琳．佛雪【譯註】說道：「改變你內心最深處的迷戀，成為政治性作家。」這話有道理，你光是**想著**該寫有關政治的事，並不能真正寫出政治，只會寫出爛詩。應該開始關心政治、閱讀相關文字、談論政治，而且別去管這樣對你的寫作會有何影響。當政治變成令你迷戀的事，自然而然的，你就會寫政治了。

【譯註】卡洛琳．佛雪（Carolyn Forche，1950～），美國當代女詩人，詩作富含政治性。

16. 原創的細節

本章篇幅雖短，卻很重要：**在你的寫作採用原創的細節**。生活何其豐富，只要能寫下過往和當前的種種真實生活細節，你便不大需要別的東西了。就算把你在紐約光顧過的艾羅酒館的裝潢，好比斜窗、緩緩旋轉的「萊茵黃金」啤酒廣告牌、「懷斯」洋芋片貨架，以及紅色高腳椅，統統搬進一則發生在不同時空背景的短篇小說裡，用來描寫故事中的酒吧，小說一樣會看來頭頭是道、有憑有據。「哎呀，不行，那間酒吧是在長島欸，我不能把它搬到紐澤西。」你當然可以，不必太過侷泥於原創的細節。雖說人的想像力往往足可移植細節，然而運用你確實知曉，而且親眼看過的細節，會讓你筆下的文字更真實可信，從而奠定紮實的基礎，讓你得以從這裡開始寫起。

要是你剛在悶熱的八月天到過紐奧良，曾坐在聖查爾斯大道的木蘭酒吧裡吸吮小龍蝦的蝦腦，那麼一月份某晚發生在克里夫蘭的一篇小說裡，自然不宜安排這個手腕粗大的角色在當地酒吧裡做同樣的事情。這樣是行不通的，當然啦，除非你打算朝超現實的方向寫，在那裡，一切的界限都逐漸溶解消失。

留心周遭的種種細節，但自我意識不要太強。「好的，我置身一場婚禮，新娘穿著藍色禮服，新郎戴了朵紅色康乃馨；正在上菜，上的是墊了花邊紙的肝泥。」放輕鬆，享受婚禮的喜氣，以開放的心靈活在當下。你會自然而然地融入所處的環境，稍後，當你伏案寫作時，自會記起和新娘的紅髮母親共舞的情景，看到她露齒而笑時，門牙上紅色唇膏的印子，並且聞到她身上混雜著汗味的香水氣味。

17. 細節的力量

我正在明尼蘇達州歐瓦托納的科士達巧克力店裡，對面坐著我的一位朋友。我們剛吃完希臘沙拉，正埋首在筆記本上寫作，要寫半個鐘頭；桌上還有兩杯水、一杯喝了一半的可樂，以及一杯摻了牛奶的咖啡。店裡的雅座是橘紅色的，靠近前方櫃台處，擺放了一排排的巧克力糖衣奶油軟糖。馬路對面是路易斯·蘇利文（Louis Sullivan）設計的歐瓦托納銀行，蘇利文則是法蘭克·洛依·萊特【譯註】的老師。銀行裡頭有幅龐大的乳牛壁畫和美麗的彩繪玻璃窗。

我們的生活既平凡又奇妙。我們都逃不過生老病死，有人雖垂垂老矣，依然美麗，有人則滿臉是皺紋。我們早上醒來，去買黃色乳酪，希望口袋裡的錢足夠付帳。在此同時，我們都有顆神奇的心，我們在世上度過許多寒冬，經歷無數愁苦，心都一直在跳動著。我們都是重要的，我們的生活也是重要的。說實在的，生活真的很神奇，生活的種種細節都值得一記。這是作家所必須懷有的思考，是我們握著筆坐下時所必須寫下的。我們在這兒，我們是人，我們就是這麼活著。讓所有人都知道，世界在我們眼前流轉。我們的細節是重要的，否則，如果它們根本不重要的話，就算丟下一枚炸彈也無關緊要。

耶路撒冷有座紀念猶太人遭納粹屠殺的「大屠殺紀念館」（Yad Vashem），裡面的一整座圖書館將遇害的六百萬人名字編成目錄。圖書館裡不僅有這些人的姓名，還記錄了他們的生日、居住地，把一切查得出來的資料皆蒐羅齊全。這些人曾經活過，他們攸關緊要。「Yad Vashem」的意思，其實就是「名字紀念館」。慘遭屠殺的，並不是無名無姓的群眾，他們都曾是有血有肉的人。

同樣地，在華盛頓特區有座越戰紀念館，裡面詳列了在越戰捐軀的美軍的名字，共有五萬個，包括中間名字在內的完整姓名。一群有名有姓、有血有肉的人被殺死了，世上再也沒有他們呼吸的氣息。其中有個人，名叫唐諾・米勒，是我小學二年級時的同學。他在他的每一本數學作業本的邊緣空白處，畫滿了坦克車、士兵和船艦。睹其名思其人。我們一輩子都揹負著一個名字，課堂上點到這個名字時，我們會喊「有」；畢業典禮上聽見喊名，或在夜裡聽見有人低喚我們的名字時，我們都會有所回應。

說出我們的姓名、我們住過的地名，寫下我們生活中的細節，凡此種種皆有重要意義。「我住過阿布奎基的煤街（Coal Street），住家旁邊有間修車廠。我常拎著裝著蔬果雜貨的紙袋，走在鉛大道（Lead Avenue）上。那年早春，有個人種下了甜菜，我望著紅色／綠色的葉子慢慢長出來。」

我們生活過，我們的片刻都是重要的。作家的責任便在於此：去傳播締造歷史的細節，去在意歐瓦托納那家咖啡館的橘紅色雅座。

紀錄生活的細節不啻挺身而出，反抗具有強大殺人力量的炸彈，反抗過度要求速度和效率。作家必須肯定生活，肯定生活中的一切：水杯、坎氏奶精、櫃台上的番茄醬。作家不應該講：「住在小鎮很愚蠢；或明明可以在家吃健康食品，卻跑去咖啡館吃東西，也很愚蠢。」我們應該對生活中確實存在的真實事物給予神聖的肯定——關於我們的種種事實：超重若干公斤；屋外灰撲撲、冷颼颼的街道；玻璃櫥櫃裡的聖誕金蔥彩帶；橘紅色雅座裡的猶太作家以及對座的朋友，後者有一頭金髮，孩子則是黑皮膚的。我們必須成為能接受事物本色的寫作人，要能喜愛細節，唇邊帶著「是」跨步向前，好讓這世上不再有「否」。否定的態度會讓人生沒有價值，讓這些細節無法持續下去。

【譯註】法蘭克・洛依・萊特（Frank Lloyd Wright，1867～1959），美國建築大師。

18. 烤一個蛋糕

烤蛋糕時，你需要糖、麵粉、奶油、烘焙蘇打、蛋和牛奶等材料。你把它們統統放進碗裡，將之混合。然而光這樣是做不成蛋糕，只能得到一碗油膩黏稠的玩意兒。你得把這團東西放進烤箱裡加熱烘烤，才能將之轉化成蛋糕，而出爐的蛋糕和原料本來的模樣看起來截然不同。這很像是一九六〇年代時，為人父母者無法承認眼前一副嬉皮打扮的，竟是自己的兒女。牛奶和雞蛋看著自個兒製造出來的奶油蛋糕說：「這不是我們的小孩。」不是雞蛋，不是牛奶，而是難民父母生出來的博士女兒——在自己家裡，她倒像是個外國人。

就某種程度上來講，寫作也是這樣。你準備好所有的材料，亦即你生活裡的種種細節，不過光是把細節列表並不夠。「我生於布魯克林，父母健在，我是女的。」你得添加你的熱力和心的能量；你講的並不是別人家的父親，而是你的親生爸爸；此人酷愛抽雪茄，吃牛排時加太多番茄醬，是叫人又愛又憎的一個傢伙。你不能光是把材料放到碗裡混合了事，這樣無法賦予它們生命。你必須成為一個有著愛憎細節的人，讓這些細節成為你身體的延伸。納布可夫【譯註】說：「愛撫神聖的細節。」他可沒講：「隨便把它們扔在一處，或痛打它們一頓。」**愛撫**它們，溫柔地撫摸它們。關心周遭的事物，讓你的整個身子都去撫觸你正在描寫的那條河流。因此，如果你稱它是黃色的、愚笨的或緩慢的，你全身都會感覺到。當你深入其中時，就不會有個抽離開來的你。片桐老師說：「坐禪時，要把整個人放空。讓禪定來達到禪定，而不是讓史提夫或芭芭拉來達到禪定。」寫作時也當如此：讓寫作來完成寫作，讓你自己消失：你只是在記錄涓涓流動過你身體的思緒而已。

蛋糕在烤箱裡烘烤著，所有熱能都致力於製造那個蛋糕。熱能可不會分心，想著：「喔，我才不要奶油蛋糕，我想烤巧克力蛋糕。」寫作的當時，你心裡可不能想著：「喔，我不喜歡我的生活，我要是生在伊利諾州就好了。」不能這麼想，你要接受現實，並寫下現實的真相。片桐老師有云：「文學能告訴你生活是什麼面貌，卻不能告訴你如何擺脫生活。」

烤箱有時可能很難控制，你可能得學習怎麼才能點燃熱力。計時寫作能增加壓力，有助於升高熱度，把內心那個檢查員炸成粉碎。同樣的，手一直寫個不停，也有助於增加熱能，日常生活細節混合成的那團麵糊因而得以烤成美味的蛋糕。如果你發覺自己在寫作時頻頻看時鐘，不妨告訴自己，繼續寫到三張（或四、五張）紙的雙面都填滿為止。或者不管多久，直寫到蛋糕出爐為止。此外，一旦啟動熱能，便說不準到頭來出爐的會是魔鬼蛋糕還是天使蛋糕。雖說事先無法保證，可是請放心，兩種蛋糕都很好吃。

也有人沒準備材料，光想用熱能來烤蛋糕。熱力暖洋洋的，感覺很舒服，可是時間一到，卻沒有東西可以給別人吃。這種通常是抽象朦朧的文章：我們感到裡頭洋溢著溫暖的氣息，卻沒有東西可以下嚥。如果鋪陳了細節，你便能更妥善地傳達你的狂喜或悲痛。因此，當你翱翔在烤爐的暖流當中時，別忘了把麵糊倒進烤盤裡，如此我們才能明白你的感受嚐起來到底是什麼滋味；這樣一來，我們才能充分品味欣賞其美味：「喔，這是個奶油蛋糕，是塊布朗尼，是鬆化清爽的檸檬蛋奶酥。」感受就像這樣，而不光是喊兩聲「好棒，好棒！」沒錯，是很棒，但是到底有多棒呢？你得讓我們明白滋味究竟如何。換句話說，講出細節，它們構成寫作的基本單位。

鋪陳細節會使得你不單單只是為了烤蛋糕，而在烤箱前忙得團團轉。用細節來寫作，不啻轉過頭去面對這世界。這個行動深富政治意味，因為你並不光是沈浸在自己情感的暖流當中，而是把一些上好實在的糧食分送給飢餓的人們。

【譯註】納布可夫（Vladimir Nabokov，1899~1977），俄裔小說家，最出名的作品爲《羅麗塔》。

19. 再活一次

作家有兩條命。他們平時過著尋常的日子，在蔬果雜貨店裡、過馬路時和早上更衣準備上班時，手腳都不比別人慢。然而作家還有受過訓練的另一部分，這一部分讓他們得以再活一次。那就是坐下來，再次審視自己的生命，複習一遍，端詳生命的肌理和細節。

大雨傾盆直下時，大夥兒或拿傘，或著雨衣，或用報紙遮頭，疾行趕路。作家偏偏身前抱著本筆記本、手中握著筆地走回雨中。他們凝視著路上的小水坑，看著大雨將之填滿；看著雨水直落水窪，水花四濺。你可以說只有傻瓜才幹寫作這一行，只有傻瓜才會站在雨中注視著水窪泥坑。聰明人早就進屋避雨去了，以免感冒，萬一生病了，還有健康保險。唯有傻瓜才會對水窪比對安全、保險和準時上班更感興趣。

到頭來，你覺得藉著寫作再活一次比賺錢更有意思。這會兒，讓我們把話說清楚——跟一般想法相反，作家也愛錢，藝術家也愛吃東西；只是說，金錢並非驅策的動力。我有時間寫作時便感到非常富足，定期收到薪水支票，卻沒空做我真正想做的工作時，則感到非常貧困。想想看，老闆付薪水買別人的時間，時間是人類所擁有十分寶貴的基本商品。活著的時候，我們用時間來交換金錢。作家堅守第一步——他們的時間——而且，甚至在以時間換取金錢之前，即已了解到時間的可貴。他們守住自己的時間，不急著出售。這就像繼承家族的土地，那塊地一直是你家的，始終被你的家族所持有。有人前來表明有意購買，作家要是聰明的話，不會賣掉太多。因為他們曉得，一旦賣掉了，或可再添購一輛車，但是他們將再也沒有一個可以閒坐，可以寄託夢想的地方。

因此，如果你想寫作，不妨傻一點。你的身體裡負載著那個需要時間的慢郎中，使你不致一股腦兒賣掉所有的時間；那傢伙需要一個可以去的地方，而且會要求在雨中凝視水窪，通常連帽子也不戴，以感受雨水滴落在頭皮的滋味。

20. 作家有副好身材

一般並不了解寫作需要體力。寫作並不光是靠腦袋思考即可，還需要用視覺、嗅覺、味覺以及感受力，來體會周遭活生生、蹦蹦跳的萬事萬物。寫作練習的規則是「手一直在寫」，一刻也不停。這項規則確實使人在肉體上突破心靈的抗拒，並遏止寫作僅和意念與思考有關的想法。你的肉體和筆緊緊相連，你的手連接著臂膀，而你五官知覺的種種紀錄正從那隻手傾注而下。身心本為一體，是不可分離的，所以，你可以藉由肉體書寫的行為，突破抗拒寫作的心靈藩籬，這就像空手道選手因為打從心眼裡深信手不會遭到木頭的阻擋，於是徒手便可擊斷木板。

有一回，有位學生上完一堂寫作課後，以不敢置信的驚喜語氣說：「喔，我懂了！寫作是門視覺藝術！」是的，它也是一門運動性的、粗野的藝術。我曾對小學四年級的學童說，我寫字的那隻手可以打倒拳王阿里。他們深信無疑，因為他們曉得我所言不假。六年級學生年紀稍大，疑心也較大，我得一拳擊向他們長長的灰色儲物櫃來證明我的話。

當我環顧前後左右正埋首寫作的人，光從他們的身體姿態便可看出他們是否已有突破；有所突破時，兩排牙齒不復緊緊咬著，而是在嘴巴裡頭嘎嘎作響；心臟可能跳動得頗厲害，甚或感到心痛；他們的呼吸很深，字跡變得較鬆較大，而身軀也放鬆到足以跑上幾公里都不成問題。這就是為什麼我會說，所有的作家，胖也好，瘦也好，還是渾身肌肉鬆垮垮也好，統統都有副好身材。他們時時都在鍛鍊身體。請記住這一點，他們都跟得上調子，體能經過強化，追得上山丘與公路的節奏，而且可以一口氣寫上幾公里長的稿紙。他們姿態優雅地在許多不同世界間穿梭自如。

偉大作家所傳達的，其實多半不是他們的話語，而是他們在靈思時刻的呼吸吐納。當你大聲朗讀一首偉大的詩作，比方雪萊的〈致雲雀〉，並且依照他所安排的分行分段方式來唸，那麼你所做的，便是隨著詩人寫作此詩時，靈思泉湧的那一刻的呼吸氣息，一吐一納。詩人吐納的氣息如此沛然有力，以致在一百五十多年以後，仍然可以在我們的體內甦醒過來。呼吸到這股氣息著實令人歡喜興奮，因此最好記住下面這段話：想讓自己感到酩酊醺然，別喝威士忌；大聲朗讀莎士比亞、丁尼蓀、濟慈、聶魯達、霍普金斯、米雷、惠特曼，讓你的身體高歌歡唱。

21. 傾聽

六歲時，我坐在布魯克林表姐家的鋼琴前，幻想自己正在彈奏一首曲子，並隨著琴聲唱道：「在這薄暮時分，我的小親親……」比我大九歲的表姐挨著我一屁股坐在琴椅上，並扯高了嗓門對我母親喊：「席薇嬸嬸，娜妲莉是個音癡，她唱歌荒腔走板！」我從此閉口不唱歌，也極少聽音樂，聽到收音機播出百老匯的歌舞劇音樂時，也只留心歌詞，從不試圖跟著唱出旋律。長大一點以後，和朋友玩「猜歌名」遊戲，我會哼一小段，卻引來一頓爆笑，他們都不相信我真的在哼《南太平洋》劇中的那首〈比春日更嬌嫩〉。我藉此得到別人的注意，可是我年輕的心卻悄悄渴望自己的歌聲能比美性感歌舞明星吉普賽玫瑰李（Gypsy Rose Lee）。畢竟，我曉得每首歌的每一句歌詞，然而基本上，音樂的世界卻與我無緣。我是個音癡：就像少了一條腿還是一根手指似的，我在肉體上有缺陷。

幾年前，我跟從一位蘇菲歌唱師父學唱歌。他告訴我，世上沒有音癡這碼子事，「歌唱有九成靠傾聽，你得學會聆聽。」只要你聽得徹底，那樂音便會盈滿你體內，所以當你一張開嘴巴，音樂便自然而然會從你體內流淌出來。上過課後幾週，我和朋友合唱，生平頭一遭沒有走調，心裡並篤定地想著，我已得到啟示。我個人的聲音不見了，兩人的聲音已融合為一。

寫作也有九成靠傾聽，你是如此專注地聆聽周遭的環境，以致那環境盈滿你的身軀，因而當你提筆寫作時，它便一發不可收拾地從你體內流洩而出。如果你能捕捉周遭真實的一切，你在寫作時便不需要其他的東西了。你不單只是傾聽隔桌而坐，正向你說話的那個人，同時也在聆聽空氣、椅子和門，並且穿過那扇門，傾聽季節的聲音，以及透窗而來各種色彩的聲音；傾聽過去、未來，以及你所處的當下。用你全副的身軀去聆聽，不光用耳朵聽，也用你的雙手、你的臉，還有你的頸後。

傾聽就是有容乃大，你聽得越深刻，就會寫得越好。你不帶成見地接納事物的本色，到了第二天，便可寫出關乎事物本色的真相。傑克・凱魯亞克【譯註】曾列表說明散文寫作的要素：「對萬事萬物皆懷抱恭謹，敞開心胸，傾心聆聽。」他同時也說：「不要拽文作詩，要確切呈現事物的本色。」只要能捕捉事物的真貌，就不再需要拽文作別的詩了。

薩門・沙契拉比（Rabbi Zalman Schachter）有一回在喇嘛基金會告訴會眾，當他還在猶太神學院就讀時，學生只能聽課，不准記筆記；課一講完，學生就得牢記在心。此一概念在於，我們什麼都能記得住，但是我們選擇並已訓練我們的心靈壓制事物。

在課堂上唸完一段文章後，我往往請學生「回想」：「儘量準確地接近文中所說的話或所寫的字句，重述讓你感覺強烈的東西，別走避一旁，光是表示：『她提到農田的那一段還不錯。』把細節一五一十講給我們聽：『佇立田中，我比烏鴉更寂寞。』」除了敞開心胸、接收聲音外，這種深刻且珍貴無價的傾聽也能喚醒深蘊在你內心的故事和影像。用這種方式傾聽，你會變成一面映照你自己以及周遭真實本相的明鏡。

基本上，如果想成為好作家，就必須做三件事：多多閱讀、仔細深刻地傾聽，以及多多地寫。同時，不要想太多，只要長驅直入文字、聲音和各種知覺的核心，並且讓你的筆在紙上寫個不停。

倘若你常讀好書，在你寫作時，好書會從你筆下泉湧而出。或許並非如此輕而易舉，不過如果你想學點東西，直接走向源頭吧。十七世紀日本的俳句大師芭蕉曾說：「欲知一樹，走向彼樹。」想了解詩，便得讀詩、聽詩，讓格律與形式都銘刻在你的心頭，不要走到一邊，轉而用講求邏輯的腦子來分析詩；帶著你全副的身心進入詩中。日本禪宗大師道元說道：「走在霧中，會弄濕身體。」因此，只管聽、讀和寫便是。慢慢地，你會逐漸接近你需要說的東西，並且用你的聲音把它說出來。

要有耐性，別擔心，只管和著調子歌唱並寫作。

【譯註】傑克．凱魯亞克（Jack Kerouac，1922～1969），美國「垮掉的一代」的代表作家之一，著有《旅途上》等名作。

22. 別和蒼蠅結婚

你在聽別人唸文章時，觀察一下自己，你的思緒可能會在某些地方茫然徘徊。我們有時候會回應說：「我聽不懂，對我來說太深奧了。」或說：「文中描述了好多事情，我跟不上。」問題的癥結往往不在讀者，而是在作者。

這些會出現問題的地方，是因為作者在此開始喃喃自語，只顧讓自己開心，而忘了故事本來的走向。

作者本來可能是在寫餐廳一景，卻迷上了餐巾上的一隻蒼蠅，而開始鉅細靡遺地形容那隻蒼蠅的背部、蒼蠅的夢想、蒼蠅的童年，以及蒼蠅飛越紗窗的技巧。正在閱讀或在聽故事的人這下子可糊塗了，因為就在不久之前，文中的侍者已來到桌旁，聽故事的人正等著他上菜。同時，作者可能並未明白顯示他真正的方向，或並未切中素材的要旨，因而使他寫出來的文章顯得語意含混。就是這些模糊不清的地方讓讀者失去注意力，因為這些地方製造了裂縫，讓讀者分了心，失了神。

文學的責任是要讓人保持清醒、活在當下，要是作者自己分了心，四處晃蕩，讀者當然也會分心晃蕩。對餐廳作整體的描繪時，或許不妨提提餐桌上的那隻蒼蠅，講講蒼蠅剛剛叮的是那一種三明治，說不定也蠻切題的。不過，精確的細節和自我耽溺往往只有一線之隔。

堅守在細節精確的這一方，明白自己的目標，並緊緊守著那個目標。倘若你分了心，筆下文字也離了題，那就慢慢地把它帶回正軌。寫作時，內在的許多通衢大道都敞開來了，但可別蹓躂太遠，以致離了題。堅持細節和方向，別光是自顧自的，這樣到頭來只會讓自己寫出含糊不清的文字。我們或許很想了解那隻蒼蠅，卻忘記了自己身在何處：在餐廳裡，屋外正下著雨，一位朋友隔桌坐在對面。蒼蠅有其重要性，可是它自有其位置。別忽視這隻蒼蠅，也別為它著迷而不可自拔。厄文・郝威【譯註】在《猶太裔美國人故事》一書的導言中寫道，上乘的藝術幾乎便淪為煽情，可是終究並不是。認清這隻蒼蠅，想要的話，甚至可以愛上它，就是別和它結婚。

【譯註】厄文·郝威（Irving Howe，1920～1993），猶太裔美國左派文學評論家。

23. 勿用寫作來索愛

大約五年前，有位朋友在曼哈頓下東城區遭人襲擊。事後她告訴我，當時她立刻舉起雙臂，喊道：「不要殺我，我是個作家！」「真奇怪，」我當時心想：「她為什麼以為這樣便能救自己一命呢？」

作家有時會搞不清楚狀況，以為寫作給了我們活著的理由，而忘了活著是沒有條件的，生活和寫作乃是兩個分開的實體。我們經常藉著寫作來博取注目、關心和愛。「瞧我寫的東西，我一定是個好人。」一個字也沒寫出來以前，我們就已經是好人了。

數年前，每回朗讀完自己的作品，不論別人如何讚美，我都覺得好孤單好難過。我怪罪我的作品，可是問題不在我的作品。當時我正歷經離婚的煎熬，很沒自信。需要支持的是**我**——不是我的詩，我混淆了兩者，忘了詩是詩，我是我。那些詩很健康，我的情況卻不太好，**我**需要關心。從那時起，每回得公開出現時，我就會邀一位朋友當我的「約會伴侶」；我請那位朋友等我一唸完詩，「立即走過來，給我一個擁抱，告訴我，我的樣子有多好看，又有多棒。就算我當晚表現得一塌糊塗也一樣，反正跟我講我很棒就對了。」一星期以後，我能夠仔細審視自己的表現。那天晚上，「跟我講我很棒。」

身為作家，我們總是在尋求支持。首先我們應當注意到，我們其實已時時刻刻皆獲得支持。我們腳下踩著地球，還有空氣在我們的肺部進出。當我們需要支持時，應該先想想這一點。靜靜的早晨，陽光穿透窗子灑進來。就從這些事情開始想，然後去找一位朋友，感受一下聽到她說：「我很喜歡你的作品。」時，你的感覺有多好。相信她，一如你相信地板會在腳底支撐著你、椅子會讓你坐在上面一樣。

有位學生寄了兩篇短篇小說給我過目，接下來的一個星期，我們聚會討論了一個小時。在那之前，我已有一年半時間沒和她合作，她進步之大，讓我頗為感動。我告訴她：「這兩篇小說很完整，很動人，很美。」聚會約廿分鐘左右以後，我開始發覺她生氣了，「我覺得妳給我太大的壓力了，我承受不起。」她真正的意思是：「妳沒盡到責任，妳沒有花點工夫把它們整個撕開，我可不是來這裡聽人讚美的，這兩篇東西怎麼可能會這麼好，妳太誇張了。」「聽我說，妳一定要相信我，這兩篇真的寫得很棒，好得足以登載。」我建議她對外投稿。不到一個月，一家優良雜誌接受了其中一篇稿子。她不但賺到了稿費，雜誌社方面還告訴她，社方前不久才決定不再刊登短篇小說，可是「這篇稿子實在很好，讓我們改變了初衷。」

我們想要誠實無欺的支持和鼓勵，一旦得到了，卻又偏偏不相信，反而輕易聽信苛責，以強化心底根深柢固的一個想法，那就是其實我們根本不行，根本不會寫作。我的前夫常對我說：「妳看起來好醜。啊，這下子我可得到妳的注意了……」他說，我對他的讚美充耳不聞，一旦他提出負面的批評，我就馬上豎起尾巴。

學生對我說：「妳是老師呀，自然得講些鼓勵人的話。」朋友說：「妳是我的朋友，妳本來就喜歡我。」住嘴！有人讚美你時，真的請你**住嘴**，就算感覺很不好受、很不習慣，也請保持呼吸，傾聽，讓自己聽進去那些話，**感受**那美妙的感覺。建構起接納正面、誠摯支持的雅量。

24. 你有什麼深遠的夢想？

我問每週日晚間聚會寫作的文友（當中有很多位練習寫作已有三年之久）：「你們想寫到什麼程度？你們擁有強勁有力的創作聲音，已經能夠將創作者和編輯區分開來，現在想拿它怎麼辦？」

總有個時候，我們必須去捏塑並引導已學會的力量。我曾問這些文友：「你們有什麼深遠的夢想？請就此寫作五分鐘。」我們當中有許多人並不知道、不承認，甚或逃避我們深沈的夢想。當我們得提筆寫作五或十分鐘時，我們被迫寫下飄蕩在心中的一些想望，而平時我們並未去留意這些想望。我們從而得到一個機會，得以不加思索地寫出徘徊在我們知覺外緣的那些心願。

審視這些願望，開始認真看待你的夢想和願望。要是你沒有把握，要是你真的不曉得自己想做什麼，那麼請開始期待能找到方向，找到呈現自己的方式。

去年我到以色列時，躑躅在耶路撒冷街頭，心裡盤算著該另寫哪一類文章。當時我正替我的第二本詩集《Top of My Lungs》收尾，明白自己需要寫點別的東西，某種新的形式。不少重返雙子城的詩人改寫起小說，茱蒂絲・蓋斯特第一部小說《凡夫俗子》的大獲成功，激勵了每一個人（她住在明尼蘇達州的艾迪納）。我不斷問自己：「娜妲莉，妳想不想寫本小說呢？」答案很清楚：「不想！」曉得自己不想要什麼，感覺還蠻安慰的。可是我仍憂心忡忡，腦海裡浮現一幅畫面：我死到臨頭，躺在陰溝裡，手中緊捏著最後幾首詩作，拚了最後一口氣哀求別人朗讀一下。

〈紐約客〉（New Yoker）雜誌刊登過一幅很精采的漫畫，圖中有個男人握著一把來福槍和一本筆記，站在機艙座位前對乘客說：「都給我坐著，不准動。大家都不會有事，我只是要你們聆聽我寫的幾首詩。」讀詩從來就不是美國人喜愛的休閒活動。

我有位詩人朋友目前正在寫一本推理小說，這位朋友建議我寫作本書。我記得我五年前便已開始著手，只是當時的時機並不合適。然而，一如令我們迷戀的事物，我們的夢想也會重現。因此，最好能關注這些夢想，並採取行動。這是洞察生命的一種方式，否則，我們可能就隨著自己的夢想四處飄蕩，永無寧日。

一旦你學會信任自己的聲音，並容許那個有創造力的聲音從你體內流洩而出，便可引導這個聲音來寫短篇小說、長篇小說和詩，或者校正舊作等等。你擁有實現寫作夢想的基本工具，不過，請注意，此一類型的書寫亦將揭露你其他的夢想，好比去西藏、當上美國第一位女總統，或者在新墨西哥州建造一間太陽能工作坊。這些夢想都將變成白紙黑字，讓你更難去逃避。

25. 句型結構

試試看下面一個辦法。拿出你所寫的一篇最乏味透頂的文章，並從文中挑出連續的三、四行，或三、四個句子，然後抄在一張空白紙張的頂端。

我不會寫作因爲我是冰塊而且口好乾而且沒啥好說的而且我寧可吃冰淇淋。

把那些文字一個個都看成是大小和顏色一模一樣的積木，而名詞或動詞的地位並不比冠詞和連接詞高，各個詞、各個字一律平等。接下來，就像在移動積木一樣，花三分之一頁的篇幅拼湊組合這些詞句。切勿設法寫出有意義的句子，只要專心拼湊就好；克制那股欲望，放輕鬆，任意寫下便是。你將必須重複書寫某些字才能湊滿三分之一頁。

寫我是一張嘴巴寧可奶油說吃冰淇淋而且什麼都沒乾我一個寫寧可說而且我走方塊因爲一個有我去乾走寫而且嘴巴奶油去我寧可乾方塊是一個寫我而且什麼都沒說走一個不能因爲什麼都沒寧可我乾去而且說奶油走冰寧可去我的方塊什麼都沒有說。

接著下來，喜歡的話，隨意加幾個句號、一個問號，或許來個驚嘆號、冒號或分號。全部不加思索，不要試圖讓句子變得有意義，玩樂一下嘛！

寫我是一張嘴巴寧可奶油，說吃冰淇淋而且什麼都沒乾！我一個寫寧可說而且；我走方塊因爲一個有。我去乾走寫而且嘴巴奶油去，我寧可。乾方塊是一個寫我而且什麼都沒說走。一個不能因爲什麼都沒寧可；我乾去而且說奶油走冰。寧可去我的方塊什麼都沒有說？

現在大聲唸出來，好像這段文字真有意義似的，聲音需有抑揚頓挫且帶感情。你不妨試著用怒氣沖沖的聲音唸，或可用興致勃勃、悲傷、哀怨、急躁或頤指氣使的聲音唸，幫助你投入文中。

我們做了什麼？我們的語言往往受限於主詞／動詞／直接受詞的句型結構，總是有個主詞對受詞採取某項行動。「我看狗」——根據此一句型結構，「我」是宇宙的中心。我們在語言結構中忘了一件事：當「我」看著「狗」時，「狗」同時也在看著我們。很有趣的是，在日語當中，這個句子會變成「我狗看」，其中有種交流或互動，而不只是主詞對受詞採取某項行動。

我們用句子來思考，而我們思考的方式決定了我們看待事情的方式。如果我們用主詞／動詞／直接受詞的結構思考，那麼我們便會以此一結構塑造我們的世界。藉由掙脫這個句型結構，我們可以釋放能量，能以嶄新的眼光和角度來看世界。我們不再懷著身為**人類**（Homo sapiens）的沙文主義立場，除了人類以外，萬事萬物在這世上也有其生存的意義：螞蟻有自己的巢城，狗兒有自己的生活，貓咪老是忙著練習出招捕獵，植物在呼吸，樹木的壽命比我們長。我們的確可以造出以一隻狗、貓，或一隻蒼蠅當主詞的句子，比方「狗兒看貓咪」。可是在我們的語言結構裡，始終存有自我中心又利己主義的句型。非得當主宰者不可的負擔太沈重了。我們並沒有主宰這世界，這是一種幻覺，而虛幻不實的造句結構讓此一幻覺長繫不墜。

片桐老師常說：「對一切有知覺的眾生常懷善念。」我曾經問他：「有知覺的眾生到底是什麼？是有感覺的人或物嗎？」他對我說，我們甚至必須對椅子、空氣、紙張和街道懷有善念。人心必須變得如此寬闊有肚量。當佛陀在菩提樹下悟道成佛時說：「我與眾生皆成佛。」他並不是說：「我成佛了而你沒有。」或「我看到佛了。」好像他歸他，佛歸佛似的。

這並不表示從今而後我們必須一動也不動，以免侵擾腳下的地毯，或一不小心搖動了一只玻璃杯。這也並不表示我們不准使用我們的造句結構，因為它是錯的。然而，一旦你做過這個練習，儘管你可能會回頭寫一般慣用的句子，但是已有一個裂口出現了，一股能量充沛的風會從那裡吹拂你全身內外。雖然「我吃朝鮮薊」聽來有意義，別人也認為你神智清楚，可是這會兒你已明白，在這個句型結構背後，朝鮮薊恰好也正在吃你，並且永遠改變了你；尤其你若是沾了蒜味奶油醬汁，並讓朝鮮薊葉片徹底品嚐你的舌頭的話，效果更是厲害！你越能覺察到你所移動、看見並寫出的句型結構，就越能掌控那結構，而當你需要的時候，也越能擺脫那結構。說實在的，藉由突破句型結構，往往更能貼近你需要說明的真理。

下面舉幾首詩為例，這些詩作摘自一本名為《吶喊、鼓掌》的詩集，作者是住在「諾港」收容中心的一些智障婦女【原註5】。這些婦女從未真正被教導過英文句型結構，所以這幾首詩是不受句型結構限制下很好的創作例子。這些詩作在另一方面也饒富新意：詩中處處有驚喜——你昨天吃了早餐，並不表示今天吃雞蛋就不會帶來美妙的感觸！

給我一個白色

瑪莉昂・平斯基作

我熱愛白色
來寫
來寫我的名字。
請給瑪莉昂
平斯基一個白色。
我喜歡用白色
因為寫我的名字，我可以。
我曉得怎麼去拼字
正確無誤。
我想要白色去書寫
我的名字。
我喜歡寫我的名字。
我也想要白色，現在。
我好好地要求。

我熱愛白色，真的。
去寫，去寫
我的名字，沒錯。
我擁有自己的錢，真的。
設法擁有。

楓葉

貝蒂・傅里曼作

我夢見的佳人真的青春
置身在她漂亮的紅色聖誕球中。
她的衣裳美如天鵝。
一身纖細白羽的天鵝漂浮著
牠柔軟雪白的頭

在底下漂浮，又成白雪。
我想變成那樣的佳人，
有長長的翅膀。

石頭與我

貝芙莉・歐普瑟作

我的桌上躺著一塊石頭。
石頭上躺著一杯水。
水是黑黑的還有著泥土。
泥土是乾乾的還有灰塵。
我想邀請包心菜來吃飯。
包心菜很高興。
它喜歡這石頭

因為石頭不會動。

人人

雪莉・尼爾森作

我穿著一件藍色
外套。它是包心菜和燻肉腸。
它們是煮熟的大肉腸，
聞起來有包心菜的味道
啊，好香的味道
包心菜飄香不是夏日的噪音而是
廚房裡某處的白來水。

26. 緊張不安地啜飲葡萄酒

數年前，羅素・艾德生【譯註】在明尼蘇達大學舉行作品朗讀會。他表示，他往往坐在打字機前，一口氣便寫下十篇短文，接著回頭重讀一遍，十篇當中也許有一篇還不錯，他就把這篇留下來。他說，如果文章開頭第一句便寫得精采，那麼接下來的文字通常也會很出色。以下面便是他寫的一些精采開頭。

「有個男人想讓一架飛機喜歡他。」

「一隻老鼠想把尾巴放進一個老太太的陰道裡頭……」

「假如曾有個科學家把鴿子培育成像馬那麼大……」

「一隻心愛的鴨子因無心之過被煮熟了。」

「有個和泡芙有關的男子聽到他母親打破了什麼，他想破掉的一定是他父親。」

「一對夫婦發現他們的小孩是冒牌貨。」

「同卵雙胞胎老人輪流活著。」

下面是兩篇完整的短文：

煎

一個男人一邊煎他的帽子，一邊想著他媽媽當年是怎麼煎他爸爸的帽子，而他奶奶又是怎麼煎他爺爺的帽子。

加點大蒜和葡萄酒，帽子吃起來便一點兒也不像帽子，而像內衣……他煎他的帽子時，想著他媽媽煎他爸爸的帽子的事，還有他奶奶煎他爺爺的帽子的事，他但願自己已經討了老婆，這樣便有人替他煎帽子了；煎東西是多麼寂寞的一件事啊……

最誠摯的遺憾

像隻白色蝸牛，洗手間滑進客廳索取愛情。
這是沒辦法的事，我們表達最誠摯的遺憾。
感情的書裡，沒有哪個章節是鉛管製造的。
儘管我們常與你親密相處，你卻屬於某條不幸的附註，我們寧可不承納……。
洗手間像隻白色蝸牛滑出客廳，隨著悲哀一起沖走……。

朗讀會結束以後，在醜陋大教室裡所舉行的酒會，一如尋常地供應葡萄酒和乳酪。我記得很清楚，西裝畢挺的艾德生獨自坐在教室一端，所有的師生和詩人則站在教室另一端，環繞著鋪上橘黃色乳酪薄片的蘇打餅乾，緊張不安地一邊啜飲葡萄酒，一邊討論他的作品。我們當中沒有幾個人走向他。雖然在朗讀會上，我們都哈哈大笑，但他碰觸到我們所有人赤裸裸的真相，我們都不大自在。

試著坐在打字機前，別多想，開始寫艾德生式的文字。這意味著放手讓你前院的那棵榆樹自個兒振作向前，一路走到艾荷華州。試著寫出出色有力的開頭第一句。這一句的前半不妨摘自某篇報紙的文章，再用食譜書中所列的一項材料完成句子。到處玩耍一下，一頭鑽進荒謬世界，而後書寫，冒險。只要不怕失敗，就一定會成功。

【譯註】羅素・艾德生（Russel Edson，1935～），美國詩人。

27. 別光用講的，展現出來

有關寫作，有一句古老的箴言：「別光用講的，展現出來。」這話到底是什麼意思？它的意思是，別光是告訴我們你很憤怒（或其他一些偉大的字眼，比如誠實、真理、憎恨、愛情、悲傷、生活、正義等等），向我們展現是什麼令你憤怒。我們閱讀以後，也會覺得憤怒。別告訴讀者該有什麼感受，把狀況展現給他們看，自然會喚起他們內心的感觸。

寫作並非心理學，我們不談「關於」感受的事，作者有某種感觸，應透過其文字喚醒讀者的感受。作者牽著讀者的手，引導他們走過有苦有樂的幽谷，可是絕口不提苦樂二字。

新生兒誕生的那一刻，你如果在場，可能會喜極而泣並歡唱。描述一下你看到什麼：媽媽的臉龐；多次嘗試後，嬰兒終於一鼓作氣來到人世；丈夫配合太太同步呼吸，不時用濕毛巾擦拭她的額頭。不必多費唇舌，讀者便能體會到生命的本質。

寫作時，應直扣自己的感受與正在寫的東西。如果你寫的是初始的意念，也就是靈光一閃的第一個念頭，而不是接著下來好發議論、愛批評、善於算計的第二個、第三個念頭，便用不著擔心。初始的意念呈現心靈對經驗的反射觀照——讓人類透過文字盡可能貼切地描寫夕陽、新生命的來臨、嬰兒別針、番紅花。雖然我們無法永遠抓著初始意念不放，但是能明白那些初始的意念是件好事。這些意念可以輕輕鬆鬆地教會我們如何走到一旁、抽離開來，把文字當成鏡子，用來反射映照各種事物。

我一聽到**有關**二字出現在某人的文章裡，就好像聽見自動警報聲。「這是個關於生命的故事。」不管你願不願意，跳過這一句話，直接描寫生命。我們在筆記本上做寫作練習時，當然大有可能寫出籠統的句子，比方「我想寫有關我奶奶的事」，或「這是個有關成功的故事」。沒關係，別因為寫出這樣的句子而苛責自己，別太吹毛求疵，從而將作者和編輯兩個角色混為一談。寫下來，記下來，深入挖掘探討，進入故事當中，並帶領我們一同走進。

有時候，寫些概括性的聲明是非常適切的，只是在每個聲明的背後，務必勾勒出一幅具體的圖像。如此一來，即使你寫的是論述文字，也會使得文章更為生動。噢，要是康德或笛卡兒也遵照這些指示就好了。「我思故我在」——我想到泡泡糖、賽馬、露天燒烤，還有股市，因此我曉得自己活在廿世紀的美國。勇往直前，翻開康德的《未來形上學序論》（Prolegomena to Any Future Metaphysic），把他講的東西展現出來。這樣一來，我們一定會快活多了。

數年前，我把一個聽來的故事寫了下來，朋友都說讀來很枯燥。我不懂他們怎麼會有這樣的反應，我參透了那個故事。如今我領悟到，我寫出來的，只是「有關」這故事的事，而且是二手傳播，我並未走進故事裡，也沒有帶著朋友進入其中。我是置身事外的局外人，因此無法帶領別人走進去。這並不代表你不能寫自己未親身遭遇到的事情，而是說你務必在文中注入生命氣息，否則的話，寫出來的文字會更加的虛無飄渺，看不見你這個人的存在。

28. 務求明確

務求明確，別說「水果」，告訴我們到底是什麼水果，比方「那是一顆石榴」。給事物正名，還其尊嚴。這就像我們待人應有的禮節，喊「欸，小姑娘，排好隊」是粗暴無禮的行為。那位「小姑娘」可是有名有姓的（事實上，要是她芳齡至少二十，那麼就根本不是「小姑娘」，而是女士）。同樣地，事物也有其名字，講「窗台上的天竺葵」，比光講「窗台上的花」好多了。「天竺葵」，單單這三個字便為我們勾勒出一幅更為清晰的景象；更深入洞察那花兒的存在；立即為我們呈現窗台一隅的景象——鮮紅的花瓣、翠綠的圓葉，迎著陽光，一切欣欣向榮。

大約十年前，我決心學會辨認生活環境中一切花草植物的名字。我買了一本相關書籍，漫步在布爾德綠蔭夾道的馬路上，細細觀察樹葉、樹皮和種子，設法將它們與書上的敘述與名稱相對照。楓樹、榆樹、橡樹、刺槐，我常企圖作弊，詢問正在院子裡勞動的住戶，園裡的花木叫什麼名字。讓我十分驚訝的是，沒幾個人知道在那一方小小天地裡生長的植物叫什麼名字。

我們一旦曉得某樣東西的名字，便會覺得更腳踏實地；心靈的薄霧被揭開了，令我們與土地有了連結。當我走在街頭，看到「山茱萸」、「連翹」，我會對周遭的環境更有親切感。我留心身邊的事物，而且說得出它們的名字，這讓我覺得心靈更清明。

當你閱讀威廉・卡羅斯・威廉斯的詩作時，會發覺他是如此清楚明確地交待一草一木一花的名字——菊苣、雛菊、刺槐、白楊、溫桲、櫻草、黑心菊、紫丁香，它們都有自己完整無缺的性格。威廉斯說：「鼻子前面有什麼，便寫什麼。」曉得我們鼻子前面是什麼是件好事。但光知道它是「雛菊」還不夠，在我們端詳它時，還得明白在此時節，這花兒的生長樣態——「雛菊擁抱著大地／在八月……褐色邊緣／翠綠尖細的鱗苞／護衛他的黃色。」【原註7】磨亮你的覺察力，持續不輟：覺察名字、那一月、那一天，最終覺察到那一剎那。

威廉斯還說：「不要概念，而要具體的事物。」研究「鼻子前面」的東西，別說它是「花」，而要說出它是「天竺葵」，如此，你更能深入當下，並確實活在當下。越能貼近鼻子前面的事物，這些事物所能教導我們的也就越多。「一沙一世界，一花一天堂……」【原註8】

參加寫作小組或上寫作班，也最好能很快地熟悉每位組員或同學的名字，這有助於你打入團體，並讓你更留心關懷別人的作品。

學習萬物的名字：鳥、乳酪、牽引機、汽車、建築物。作家應無所不是，是建築師，是法國廚師，是農夫；而在此同時，作家也應什麼都不是。

29. 專心注意

好，選一樣明確的事物來寫，就寫你雕琢第一支杉木匙的經驗吧。告訴我們所有的細節，深入洞察那個經驗。然而在此同時，別讓自己變得目光短淺。當你一方面專心寫作，另一方面仍應覺察到天空的顏色或遠方飄來的除草機聲音。用一行篇幅來描述你在雕琢那把湯匙時窗外的街景，一行就可以。這是很好的練習。

我們切不可忘記宇宙時時與我們同行，不論我們做什麼，宇宙都在身後。如果你花一行來描寫宇宙，也能提醒讀者，縱使我們必須將心思集中放在眼前的事務上，也不可忘懷這個生生不息的世界。在恰當的時刻描寫一下天空的顏色，會讓文章讀起來更為生動。

坐禪時，在兩次四十分鐘的禪定之間，需從事「經行」（kinhin），也就是行禪。站好，配合吐氣，非常非常緩慢地開始踩出一步；你會感覺到自己雙膝略彎、腳跟離地。非常緩慢。吸氣時，你提起五根腳趾，向前走了一吋左右，接著換腳，做同樣的動作。經行持續大約十分鐘。把動作放得如此之慢，你因而能體會到，你所踏出的並非各自獨立、互不相干的步伐。你每踩一步，都會感覺到空氣、窗戶，以及其他也在坐禪的人。你覺察到，要是沒有地板、天空，以及為了維生而喝的水，你根本踩不出步子。萬事萬物皆息息相關、互相貫通，就連我們踏步時所處的季節，也在支援我們的步伐。

所以，寫作時心思專注固然好，然而在專心寫作時，不要把世界擋在外頭，而要任憑萬事萬物恣意生存。這是一種非常微妙的平衡狀態。

30. 平凡與不凡

這個週末，我在阿比求（Abiquiu）詭麗的粉紅色峭壁和石塊嶙峋的山丘之間露營。這裡即為女畫家喬治亞・歐姬芙（Georgia O'keeffe）當年選擇居住的地方。前一個週末，我到亞利桑那州的霍比族（Hopi）保留地觀賞蛇舞。從第一和第二台地頂端向下眺望，一望無際皆是有如月球表面般的蒼涼景致。跳蛇舞是為了祈雨，他們捉來各形各色的蛇，有牛頭蛇、響尾蛇、青黑蛇等，先由巫師和這些蛇相處四天四夜，接著開始舞蹈。跳舞時，村人們把蛇咬在上下兩排牙齒之間，身子很有韻律地前後搖擺。跳完舞，舞者帶著蛇一路跑下長長的台地，接著放開蛇，讓牠們朝著四面八方爬走，這些蛇本來就是從四面八方捕來的。

我看了又看，連連讚嘆。「我要怎樣才能寫出這一片廣袤的大地和這神話般的儀式啊？」同行的一位友人說：「看這片遼闊的空間，這些山丘、台地和天空，讓人感覺到神就在這裡。光是運用你所談到的這些新奇的細節怎能捕捉到這一切呀？」

我們誤以為細節只不過是無足輕重的芝麻小事，或只配用來描寫雞毛蒜皮；我們以為細節很瑣碎微小，並不屬於胸懷宇宙大志的心靈或新墨西哥州的雄偉山陵。這是錯誤的想法。一樣東西不管有多大、多詭麗，都還是平凡的事物。我們以為細節是日常俗事，然而有覺察力的人透過神奇的眼光看出去，奇蹟同樣也只是塵俗之事而已。

因此，構成寫作之本的，並不僅僅是對人事物作物質化的處理，而是要運用細節，舉步跨到對岸，亦即在一切背後的那方遼闊虛空。對世世代代生活在那兒的霍比族印地安人來說，村落四周那片廣袤的大地實在平凡得可以，他們天天都看到宏偉的台地。可惜的是，很多年輕人都想離開，想到比較刺激的城市去闖天下。

新奇的細節其實很平凡，只有一些人能看出其中的不凡之處。我們並不是非得到霍比台地才能見識到什麼叫做宏偉；我們需要以不同的眼光來審視我們已有的事物。霍比族人有蛇舞是很深奧的一件事，然而那也是他們一輩子當中，每隔一年便得舉行的一項慶典之一。一如其他舞蹈儀式，跳完蛇舞，他們便會邀朋友到家裡吃晚餐。如果我們認為他們的生活和慶典很奇妙，而我們的生活卻很平凡，那麼我們提筆寫作時，心中盈滿的將會是種貧乏的感覺。我們必須牢記，一切事物都是既平凡又不凡；事物平凡與否，全看我們的心靈是開放還是閉塞的。細節無所謂好或壞，他們就只是細節而已。第一台地該怎麼去呢？從二六四公路上的窗岩向西走一個半小時便是。

蛇舞是一個又一個全神貫注的細節堆積而成，非得全神貫注不可，因為霍比族人嘴裡正咬著蛇哪。我們這些在旁觀賞的人覺得蛇舞深不可測且無比奇妙，因為它對我們是新鮮又陌生的事。可是，它也是一樁已流傳數百年的平凡事。要寫這個題材，我們必須深入蛇舞的核心做徹底的了解，讓平凡與不凡的光采在我們眼前同時閃爍。如此深入一樣事物，你將會明白它和萬事萬物是如何貫通融合，接下來，細節便自然而然會和宇宙結合，兩者是可以互相替換的。

我有位朋友最近騎機車出了車禍。準備長途騎車到麻州的前一晚，他徹夜未眠，而且一大早就出門。他以八十五哩的時速騎在路上時，竟然睡著了，撞上一輛汽車。他運氣很好，毫髮未傷，機車則面目全非。

聽說此事時，我簡直嚇壞了。要是他因此喪生，我生命的平衡狀態將隨之產生變化。我們所有人的生命都交織在一起，互相創造對方的宇宙，只要其中一人英年早逝，所有的人都會受到衝擊。我們不光是為自己而活；人與人之間相互關聯。我們為大地、為德州、為昨晚捐軀供我們食用的雞、為我們的母親、為公路、天花板和樹木而活。我們有責任要善待自己，然後以同樣的方式善待這個世界。

提筆寫作前應有這樣的理解，這樣一來，我們處理細節時，不會把它們當成是個別的物體，而是對萬事萬物的反映觀照。片桐老師說：「喝杯茶是件很深奧的事。」請注意，不論我們寫的是杯子、台地、天空或雞毛蒜皮，我們都必須好好留心察看，並貫穿進入它們的核心。如此，我們便能自然而然地作出詩詞中所說的大躍動，因為我們覺察到萬事萬物之間的關聯。我們也能一段又一段，一氣呵成地寫散文，把中學作文課裡學來的起承轉合拋在一旁。這些現象會自然發生，因為我們將與宇宙恢宏的運行有所聯繫。

31.談話是練習場

和好友聚聚、聊聊天，說說那回你在阿布奎基算手相的事、你和朋友沙沙法拉絲在新墨西哥州乾溪村（Arroyo Seco）養雞場坐禪的事，或者你媽每天早上都吃鄉村乳酪配烤麵包的事。

當你告訴朋友一些事情時，因為想勾起他們聽故事的興趣，往往會加油添醋，可能會誇大事實，甚至說兩三個無傷大雅的謊言。你的朋友並不會計較故事的內容和十年的往事是否一模一樣，重要的是現在這一刻，況且他們已聽得入神了。有回和一位文友相約吃午餐，他對我說：「把最近這個月妳所聽到最精采的八卦閒話說來聽聽吧。要是什麼也沒聽說，就自己編一個吧。」紐約短篇小說家葛麗絲．裴利（Grace Paley）說：「傾聽八卦閒話並散佈出去，是作家的責任。

每個短篇小說家都是用這個方式來了解生命的。」

談話是件好事，不必感到羞恥。談話是寫作的練習場，是我們學習溝通的方法——什麼能引起別人興趣，什麼讓人覺得枯燥乏味。我和朋友一同放聲大笑，說：「我們並不是在殘忍地散佈八卦，只是在設法了解生命而已。」我說的是真話，我們應該學習談話，但不要夾帶成見、貪心或妒意，而應懷抱憐憫、驚異與讚嘆的心情。

記得有一次聽完音樂會後，和一位文友在明尼亞波利斯市區的新法國酒吧小坐，對她談起我怎麼會皈依佛教。由於她聽得十分專注，我已講過好多次的這番歷程，也變得格外生動有神采。晶瑩閃爍的玻璃酒杯，以及當時我點的那份巧克力慕思的滋味至今讓我記憶猶新。就在那時我明白了，我一定得寫出這個故事——那裡面蘊藏了精采的素材。

藉由談話，寫作的人得以互相幫助，替彼此找到新方向。「嘿，這個題材很不錯欸，你有沒有寫過？」「你剛講了幾句話：『我住在這兒六年了，連一件事情也記不起來，一件都沒有。』這幾句不錯喔，寫下來，然後發展成一首詩。」

有一回我從波士頓回家後，順口對一位朋友說：「噢，他為她瘋狂。」這位朋友當時正在寫推理小說，聽了之後追問道：「你怎麼看出他為她瘋狂？告訴我他做了些什麼事。」我哈哈大笑，有作家在身邊，最好別作泛泛之論——他們不要我「講」，而是要「展現」事情經過。

另一位朋友告訴我，十二歲那年，她父親突然離家出走，並變成一個重生的基督徒，之後在三個州挪用教會公款。對她個人而言，那是個悲劇，可是我告訴她，那是個精彩的故事。她臉上頓時神采煥發，領悟到她大可用嶄新的方式改變自己的生命——把這番遭遇當成寫作素材。

談話是這場大賽的一種暖身動作——一連好幾小時，你獨自在筆記本上振筆疾書。將你曾經一再重複講述的故事整理成一張清單，接下來，就有的你寫了。

32. 寫作是公共行動

一位學生說：「我看了好多海明威的作品，真怕自己的東西聽來會越來越像他的；我在複製模仿他，沒有自己的風格。」這其實並不糟糕，聽來像海明威，可比聽來像大嬸婆好多了，後者還以為賀卡上印的詞句是美國最棒的詩呢。

我們老是擔心自己在複製別人的風格，而缺乏自己的特色。放心，寫作是公共行動。相對於一般看法，作家並不是普羅米修斯，孤零零地身處四面八方皆是火光的山頭。以為只有自己具有純粹的原創心靈是非常自大的想法，其實歷來所有的前輩作家正用他們的背扛負著我們。我們活在現下，浸染著所有的歷史、概念與這個時代的蘇打汽水，這一切皆揉合在我們書寫的文字裡。

作家是偉大的情人，他們愛上其他的作家，並因而學會寫作；他們選定一位作家，讀遍他或她的所有作品，並一再重讀，直到了解那位作家如何行動、如何靜止，以及怎麼觀看，方才罷休。這就像在談戀愛：你忘了自己，只記掛著對方。你能夠熱愛別人的作品，意味著你內在的能耐被喚醒了。這只會讓你變得更了不起，而不會使你成為盲目模仿的文抄公。別人的作品當中，哪一部分合乎你的本性，那一部分就曾變成你，於是你在寫作的時候，自然會採用這一部分的手法，而非刻意造作。偉大的情人都明白：他們愛什麼，就是什麼；艾倫．金斯堡【譯註1】便是如此，他想要讓傑克．凱魯亞克了解他，因此提筆寫作：「……他愛上傑克．凱魯亞克，發覺自己就是凱魯亞克：這便是愛的覺悟。」【原註9】你在讀《非洲的青山》時，便成為正在非洲狩獵旅行的海明威；接著你變成正注視著攝政時代仕女們的珍．奧斯汀；再下來你成了葛楚．史坦【譯註2】正忙著用文字堆砌她自成一格的立體主義；然後你又搖身一變成為賴瑞．麥默屈【譯註3】，走在塵土飛揚的德州小鎮，正要到彈子房去。

所以，寫作並不單是寫而已，你也在和其他作家神交。不要心存嫉妒，尤其不能偷偷地嫉妒別人，那是最糟糕的事。如果有人寫出偉大的作品，那只是替我們所有人更加澄清了這世界的幾分真貌。別在作家間區分「別人」和自己，以為他們與你不同：「他們很棒，我很爛。」別製造這種二分法，製造對立只會讓你更難成為好作家。當然，也不要有相反的想法，如果你說：「我很棒，他們可不。」那麼你已變得太驕傲，而無法有所成長，或者聽不進旁人對你作品的批評指教。想著「他們很棒，我也很棒」就對了，這個說法可以給你很大的空間：「他們開始得比我早，我可以追隨他們的腳步一會兒，並從中學習。」

最好當個部落作家，為所有的人寫作，反映人群當中許多不同的聲音，不要只是做個隱士型作家，只追索個人的心靈中微不足道的真理。提筆寫作時，應視野恢宏，胸懷全世界。

即使我們獨自走向荒野，在曠野中寫作，也應時時和自己以及周遭的一切密談，好比說書桌、樹木、飛鳥、水和打字機。我們和萬事萬物是密不可分的；我們以為自己獨一無二，那只是我們的自我在作祟。我們的存在植基於我們來到人世前這世上已發生的種種，縱使我們筆下的文字意欲反抗，還是我們試圖否定過去，結果都一樣。寫作的時候，我們都明白我們背上扛著的是什麼東西。

在居住地認識寫作同好也是個好辦法，大家可以聚聚，互相幫助。始終踽踽獨行太辛苦了。我請寫作班的學員彼此認識，和別人分享自己的作品。別任由自己的文章在筆記本上越積越多，把它們發表出來。別再以為藝術家都是孤寂又苦悶的，做人已經很苦了，還是別自討更多的苦頭吧。

【譯註1】艾倫·金斯堡（Allen Ginsberg，1926～1997），美國「垮掉的一代」詩人之一。
【譯註2】葛楚·史坦（Gertrude Stein，1874～1946）美國女作家。
【譯註3】賴瑞·麥默屈（Larry McMurtry，1936～），當代美國名作家，曾以小說《寂寞之鴿》獲普立茲獎。

33. 一加一等於賓士汽車

我常對我的學生講，特別是逐漸老於世故的六年級學生：關閉你那說一加一等二的邏輯腦袋；敞開你的心靈，接受一加一等於四十八、一輛賓士汽車、一個蘋果派或一匹藍色馬的種種可能性。寫自傳的時候，別淨是在交待資料事實，諸如「我讀六年級，我是男生，我住在歐瓦托納，父母俱在。」告訴我真正的你是什麼樣的人：「我是窗上的霜，幼狼的嚎叫，扁平的草葉。」

忘掉你自己，隱沒至你所凝望的每樣事物——一條街、一杯水、一片玉米田。對任何事物有所感，便徹底化身為那種感覺，與之同焚。放心，你的自我很快就會緊張不安，並阻止你過於狂熱。不過，倘若你能捕捉那種感覺，或者嗅到、瞥見你與那感覺合為一體的剎那，那麼你就很可能會寫出一首好詩。

接著，我們又墜回凡間，唯有寫出的作品保留了那恢宏的洞察力。這就是為什麼我們必須一而再地回到書本跟前——我指的是好書，並且一而再地閱讀種種洞悉人生意義與方向的見解。我們既生而為人，就得歷經這番掙扎，如此一來，我們便能一而再地對自己生出憐憫之心，並且彼此善待。

34. 當隻禽獸

沒在寫作的時候，你仍是個寫作人，那個身分不會離你而去。跨著禽獸的步伐四處走動，將周遭的一切看成是你的獵物，並像禽獸一樣運用你的感官知覺。注意觀察貓咪，看牠見到屋裡有東西在移動時的反應；牠全身一動也不動，然而在此同時，牠所有的感官知覺都在運作：注視、傾聽、嗅聞。你走在路上時，亦當如是，貓咪的腦袋瓜裡可沒在想著牠需要多少錢，或者到了佛羅倫斯該寄明信片給哪些人；牠凝視著一隻老鼠、地板上滾動的大理石桿麵棍，或者水晶球反射的光芒；牠全身蓄勢待發，隨時可以飛撲向前。當然啦，你不必四肢趴在地上並扯動你的尾巴。不管你有多麼忙碌，一定要保持沈靜——至少全身當中有一部是靜止的——並且搞清楚自己身在何方。

曾和我同赴歐洲旅行的一位朋友，她有種恐懼症，深恐自己會迷路。她從來就看不懂城市地圖，也不曉得該如何領會簡單的訊號，比方「我們昨天來過這個廣場，馬路的對面就是莎佛依大飯店，我們就是在那兒買音樂會門票的，因此那一定是回程的路。」她因為害怕，竟失去了所有的常識，也就是我們平日賴以生存的那些感官本能。我們內在覺察之處，永遠保持覺醒。片桐老師說：「當下你便是佛！」只是在我們太忙，或像我朋友那樣，太害怕的時候，我們便忘了這一點。因為害怕迷失方向，她於是就迷失了。

身為寫作人，行走在這世上，我們須時時與當下連線，部分的自己須保持警覺，亦即像禽獸般的那一部分感官，注視、觀看並留心路標、街角、消防栓和報攤。

此外，就在你要提筆寫作前，讓自己變成一隻禽獸也是很好的準備。不管你當時正在幹嘛，倒垃圾也好，走在前往圖書館的路上也好，還是正在院子裡澆花也好，都要緩慢地行動，潛行尾隨你的獵物，也就是你打算要寫的任何文字。讓你所有的感官知覺都保持專注，關閉你講求邏輯的腦袋，腦中需空空如也，一個念頭也沒有。讓文字從你的腹部出來，把你的腦子往下移到胃裡，讓胃來消化你的思想，讓它們供應營養給你的身體。像菩薩一樣，養一個圓鼓鼓的肚子。深深地吸氣，別把氣嚽在胃裡；拿出耐性，保持慎重。讓寫作滲出思想形式的水平線下、滲進潛意識，滲透你的血脈。

而後，當你終於要飛撲向前時，這麼著，就當是上午十點，也就是你當天預定開始寫作的時刻，加重定時寫作的壓力，寫一個小時或二十分鐘。時間長短任你決定，不過務必全力投入，手不停地寫，透過你的筆，將你血脈中的一切，統統傾注在紙上。千萬別停手，別偷懶，別作白日夢，寫到你筋疲力竭為止。

不過，請放心，這還不是你最後的機會，要是你今天沒逮獲老鼠，明天一定會逮到。你絕對不會忘了自己是誰，如果說你在寫作時是個作家，那麼你在煮飯、睡覺和走路時，也還是個作家。同時，如果你是為人母者，是畫家、馬、長頸鹿或木匠，你也會把這一點帶入你寫的東西裡面。這個身分如影隨形，你無法將自己與自己的一部分區分開來。

最好帶著整個的自己開始寫作。寫完以後，走在馬路上時，最好也帶著整個的自己，包括你的一般常識或佛性，亦即內在的一種善念，如此你才會曉得路名，才不會迷路；這樣一來，當你像禽獸一樣在城裡潛行時，心中會明白，明天你仍將照常寫作，並且一寫就是好久。

35. 提出聲明，回答問題

一九七〇年代早期，曾有一項針對女性和語言所做的研究對我造成很深的影響，也影響了我的寫作。根據這項研究，女性在作提出聲明時習慣加修飾詞，比方「越戰真恐怖，不是嗎？」或「我喜歡這個，你呢？」句型結構顯示，女性總是在尋求別人附和她們的感受和見解；她們並不是在提出聲明後，便堅守聲明：「這很美。」或「這很糟糕。」她們需要別人的鼓勵。（順帶提一句，研究中發現，發生在女性族群中的現象亦可見於弱勢族群中。）

此外，女性在講話時也愛用很多諸如大概、也許、不知怎的之類的不定修飾語。比方說，「不知怎的，事情就發生了。」好像有某種不可知的力量讓這位女性無能為力；「也許我會去吧。」又是一樣，沒有清楚、斬釘截鐵的聲明，比如

「是的，我會去。」

這世界並非總是黑白分明，人不見得能確定自己可不可以去某個地方，然而務必作出清楚、斬釘截鐵的聲明，這一點對寫作新手來講尤其重要。「這很好」、「那是匹藍色的馬」，而不是「呃，我曉得這事聽來很怪，不過我想那八成是一匹藍色的馬。」提出聲明不啻在練習信任自己的心，學習堅持自己的意念。

我讀到那篇文章後，回家看了我剛寫好不久的一首詩。我讓自己把所有含糊、不確定的字句統統拿掉；那種感覺就像沖好澡以後，身上的浴巾硬生生被扯掉，渾身光溜溜地站著，暴露出自己真實的樣貌和情感。第一次這麼做覺得好恐怖，後來卻覺得很棒，那首詩變得好多了。

因此，縱使人生並非永遠清楚分明，但清楚且肯定地提出聲明表達自己的見解卻是件好事。「我是這麼認為和感覺的」、「眼前我就是這樣的人」，這需要勤加練習，卻會帶來很多的回報。

不過，在練習寫作時，如果看到自己用了那些不定修飾語也不必擔心。別責罵自己或對自己太苛刻，只要覺察有這麼一回事，並繼續寫下去。當你回頭將全文重修一遍時，再刪去這些詞語就行了。

另一個應加以注意的是問句。凡是寫出來的問題，你自己都得回答得出來。寫作時寫出了一個問句，沒關係，可是你必須立即更深入挖掘自己的內心，然後在下一個句子裡回答前面的問題。「我該拿自己的生活怎麼辦？」我應該吃三塊布朗尼、記得天空的樣子，並且成為世上最優秀的作家。「我昨晚為什麼覺得怪怪的？」因為我晚餐吃了鴿子、鞋子穿錯了腳、因為我不快樂。「風是打哪兒吹來的？」從克洛依河拓荒者的記憶中吹來；風熱愛大地，遠至南、北達科塔州的大地。

別害怕回答問題，你將發現自己內在無窮的機智。寫作是在焚盡你心靈中的迷霧，別把霧氣帶到紙上。就算有件事你並不是很確定，表達的時候，也得做出對自己胸有成竹的樣子。如此這般地多多練習，最後你會真的胸有成竹。

36. 句子的行動

動詞非常重要，是句子的動作和能量所在，運用時需小心留神。試做看看下面的練習，把紙左右對摺，在紙的左側寫下十個名詞，隨便什麼名詞都行。

紫丁香
馬
鬍子
貓
小提琴
肌肉

恐龍
種子
插頭
錄影帶

接著，翻面到紙的右半邊，隨便想一門職業，比方說木匠、醫生、空服員，在紙的右側寫下和那個職業有關的十五個動詞。

廚師：

煎
斬
剁
片
切
熱
炙

嚐　煮　烤　炸　醃　打　炒　舀

打開整張紙，左側列有十個名詞，右側列了動詞。試試看把名詞和動詞連在一起，看會形成什麼樣的新組合，然後據此造出完整的句子，需要的話，可以用過去式。

廚師：

紫丁香　　煎

馬
鬍子
貓
小提琴
肌肉
恐龍
種子
插頭
錄影帶

斬
剁
片
切
熱
炙
嚐
煮
烤
炸
醃
打
炒
舀

恐龍醃在土裡。

小提琴用它們的音樂來煮空氣。

紫丁香把天空片成紫色。

以下還有幾個運用動詞的例句：

她丈夫的呼吸把她的睡眠**鋸**成兩半……

在他們的丙烷槽上，向晚下沈的光影**拉**得好長。【原註10】

當我看到他時，我**爆炸**了……【原註11】

其他人在車中成雙成對到**輝映**著月光的河流。【原註12】

……在那兒，天使與劍蘭**走過**你的肌膚／睡在地上……【原註13】

我的血液像蜂巢般**嗡嗡叫**。【原註14】

這並不表示你在寫作時，應該停下沈思一個小時，好想出一個新動詞。只是要留意動詞以及動詞的力量，並以新的方式來運用動詞。你對語言的各種面向越是注意，文筆就會越生動。到頭來，你可能會認定還是用**跑**、**看**、**走**等一般動詞比較對味。這也沒關係，可是那一定得是你自己所作的選擇，而不是糊里糊塗，要嘛在睡覺，要嘛在打盹下寫出的句子。

37.在餐廳寫作

我正坐在新墨西哥州聖克里斯托巴爾鎮（San Cristobal）一間拖車式小吃店中，小鎮有六十八位左右的鎮民。小吃店的西班牙老闆娘自一九四八年以來就擁有這塊土地，她剛從亞利桑那州搬回來不久，並重新經營這間小店。鎮公所說，她得自個兒鑿井，所以，在井沒挖成之前，小吃店不供應餐點。因此，我在這兩小時的寫作時間中，能點的東西有香菸、可樂、山露汽水、湯姆薯條、超級泡泡糖（原味、葡萄味或蘋果味）、士力架巧克力、肉桂糖棍、解痛散熱劑、胃乳片、覆盆子或熱帶什錦水果味的Kool-Aid飲料粉末、一夸特裝的牛奶或一打雞蛋。我非得點些什麼不可，而且不能光是點罐可樂就算了，因為我打算在店裡待一會兒。

這是第一條規矩，你一旦選定一間咖啡店當寫作處所，便得和這家店套交情。讓自己覺得肚子餓，這樣才會想吃東西。有時候我一點也不餓，卻還是點了餐，然後把盤子推到一旁，拿出我的筆記本。在接下來一個小時左右，我偶爾會吃點炸洋蔥或菠菜沙拉。如果點了咖啡，也絕不佔便宜，總是婉謝免費續杯，我想讓店家曉得，我很感謝他們給我這方空間和時間。同時，倘若你一張桌子一佔便是好幾小時，可得多給點小費。女侍靠轉桌率掙錢，而你待的時間比一般長。別在最忙的午、晚餐時段出現，等到尖鋒時間已近尾聲再去，那時女侍會樂於見到你，因為她已經累壞了，而她知道你不會點一大堆東西，也不會催她快點上菜。

我曉得這種寫作方式聽來所費不貲，不過，只有第一回需要這樣。初次現身以後，你開始輕而易舉地搖身一變為常客。「喔，是位作家。寫得還順利吧？咖啡要不要續杯呢？老闆招待哦。」

當我住在明尼蘇達時，有天朋友打電話來，說：「卡爾洪廣場有家餐廳新開張，我們去那兒吃晚餐、寫東西吧。」那一次我首度領悟到，選擇適合寫作的場所也是門藝術。我才看了第一眼便曉得，那家新餐廳完全不適合寫作。首先，它太花俏時髦，且致力於供應的精緻、有創意的餐點；他們希望顧客在那兒用餐，而不期待我們倚著紫羅蘭、淡藍和白色的亞麻桌布寫出偉大的文學作品。

我通常捨麥當勞之類的連鎖餐廳，而就個體經營的店家，除了因為連鎖餐廳的裝潢設備都是塑膠製品，椅子坐起來往往不太舒服之外，你會想要待在一個有人味的地方，而不是一切講求效率、一板一眼，放眼望去一片橘黃色的處所。

可是，幹嘛自找麻煩到外頭寫作？何不就待在家裡寫？這是我的一個小小秘訣。不時換個場景有利無弊，在家裡，有電話、冰箱、待洗的碗盤、待沖的澡，還得和送信的郵差寒暄兩句。最好離開家門。況且，花了好一番工夫才到咖啡館，可不要像在家裡那樣忙東忙西，坐一下子就趕著要去辦別的事了。

而且，我們的心靈是很狡詐的，似乎我一提筆寫作，心裡便會想起一百件我更想做的好玩事情。記得有一次，我有機會在明尼蘇達州北部一間小屋裡借住一星期。住進去第二天，我坐在打字機前準備寫一則短篇小說。時值六月底，從我坐的地方望出去，院子裡種了白楊、甜菜葉、萵苣和百日草，天空一片蔚藍。突然之間，我已換上了泳裝，腳踝浸在離小屋四分之一哩的湖裡。正預備一頭潛進水中時，我清醒了過來：「娜妲莉，妳怎麼跑到這兒來了？妳才剛坐下來要寫你短篇小說的第三頁哪！」我通常不會這麼離譜，多半會及時醒悟回頭。

你可以有不同的說法，不過，我們會使出這些小把戲，基本上是因為我們內心當中在抗拒的那一部分開始在作祟了。它想抗拒什麼呢？工作和專注。

去年秋天，有一陣子只要我一提筆寫作，腦子便一片空白，內心湧起一股安樂感；我凝視窗外，心裡洋溢著大愛，覺得與萬事萬物融合為一。我就這樣坐著，有時竟坐滿了整段原本計畫寫作的時間。我自忖：「注意看哪！我逐漸覺悟成佛了！這比寫作重要多了，何況不管寫什麼，目標都是想達到此一境界。」等這種情況過去了好一陣子以後，我請教片桐老師，他說：「喔，你只是在偷懶而已，好好工作吧。」

我讀過有關浮槽（flotation tanks）的文字，據說身處浮槽中，因為置身於黝暗的箱子裡，沉浸在十吋的溫水中，感官接收到的刺激會減低許多。而因為感官刺激的受限，會促使心神更加集中。

奇怪的是，在咖啡店中寫作也能讓你心思更加專注。不過，咖啡店並不能減少感官刺激，那兒的氣氛反而使你部分的感官知覺更加忙碌、快活，也因此，你比較深沈且安靜的那一部分，也就是掌管創造與專注力的那一部分，也同樣能自由自在地發揮力量。這就像一面用一些小玩意兒吸引寶寶的注意力，一面塞了一匙蘋果醬到寶寶嘴裡。基於同樣的道理，莫札特也曾請他太太在他作曲的時候，在一旁唸故事給他聽。

也可以用另一種方式來運用餐廳裡的刺激。亦即轉身面對刺激，隨大夥兒狂歡，熱鬧一回。你的手不可以停下不動，隨著能量的波動而寫；寫下你自周遭捕捉得來的種種細節，將這些細節和你自己躍動的思緒結合在一起。外界的熱鬧喧囂可以刺激並喚醒你內在潛藏的感覺。如此有予有取，真是美妙。

在巴黎，看到那兒有那麼多的咖啡館，我好不驚異。在那裡，催顧客離開會被人當成很沒禮貌。你可以早上八點鐘點了一杯咖啡，到了下午三點，仍悠哉地啜飲同一杯咖啡。海明威在《流動的饗宴》（這本書太棒了，快讀讀看吧！）中談到他在巴黎咖啡館裡寫作的往事，以及當時喬伊斯說不定和他只隔了幾張桌子呢。去年六月到達那裡的時候，我領悟到為什麼有那麼多美國作家情願浪跡巴黎：那裡每條街大概都有五家咖啡館，而且統統示意要你進來寫作，在咖啡館中寫東西是很被接受的事。

在美國，人們對寫作抱持小心慎重的心態，除了填寫表格或簽支票以外，寫作看在人的眼裡是件非常特異的事，因此大家都對你敬而遠之，只有幾個人會暗自嘖嘖稱奇，偶爾朝你瞥上一眼。在美國的社會結構中，寫作並非常態。不妨把這種心態當作對你的有利條件，當你在公共場合中寫作時，沒有人會來煩你。只有一次，我在內布拉斯加州，有位親切友善的女侍走過來，開門見山便問：「你在寫什麼？能不能給我看一下？」可惜我當時正在趕路，時間緊迫，否則我會很樂於請她坐下，讀讀我寫的最後四十頁。

哦，對了，明尼蘇達州丘城有一家店名叫「彩虹咖啡」，所售飲料酒精含量不超過百分之三點二的酒吧。有天下午，當我在那兒的雅座上寫東西時，一位正在旁邊打撞球的十來歲少年大聲向我嚷道：「嘿，你寫的速度比我思考的速度還快。」過了一會兒，又說，「如果妳一直寫得這麼快，而且明天還來的話，全城的人都會來這裡看妳唷。」常掛笑容，有問有答，而且要保持友善。

列出你所去過的咖啡館、餐廳和酒吧的名單。想要的話，在店名後加註細節，盡可能說明清楚，看看結果會如何。

南達科塔州的泰瑞咖啡館，我在那兒寫明信片給明尼蘇達的朋友。「親愛的菲爾：我人正在南達科塔州，準備到新墨西哥州去。時值七月下旬。我眞的很喜歡你在聖克洛依河畔的小屋。請記得我，原諒我得離開。我正在吃罐頭豆子做的沙拉配蘇打餅乾。

明尼蘇達州歐瓦托納的科斯達咖啡館，就在蘇利文銀行對面，橘色的雅座和拌了太多油的希臘沙拉。

史耐德雜貨小吃店，吉姆跟我講過，他很愛吃這裡的火腿三明治……

另外，請注意：別忘了試試看在自助洗衣店裡寫作。

38. 寫作書房

倘若你想要一間用來寫作的書房，想辦法弄到一個房間就是了，可別大興土木。只要房間不漏雨，有扇窗戶，冬天有暖氣便成；把書桌、書架和一張柔軟的座椅搬進去，然後開始工作。有太多人認定非得先粉刷牆壁不可，接下來又得添購窗簾幔幃和一張特別的書桌，椅子的靠背、座墊也得換新，還雇請木匠釘製胡桃木書架，並採買一張上好的地毯，「畢竟，這是我的特別房間哪！」

那已變成是逃避寫作的另一個小把戲。我看過不少朋友在營造了完美空間後，根本就受不了踏進裡面一步，在廚房的桌子上寫東西倒還比較舒服。叫人坐在精美的空間裡，摩娑著寫作所帶出人生不盡完美的種種，真是談何容易。我們打造了沈靜的精美房間，卻又渴望在吵雜又凌亂的咖啡館裡寫作。我們當中不少人營造了美麗又井然有序的夏日花園，卻巴望著置身樹林中，那裡有落葉、小蟲，而且看起來既紊亂又蕩然無序。我們的書房自然會出現翻開後未闔起的書、至少一只盛著半杯舊茶水的杯子、散落的紙張、一疊疊未回的信、一包餅乾盒、踢到書桌底下的鞋子，以及地板上一只分針壞掉的手錶。

禪師都說，我們的房間顯示我們的心靈狀態；有些人害怕空間，所以在屋裡每個角落都塞滿東西。這就像是我們的心害怕空虛，因此心裡時常思潮澎湃，老是想東想西。不過，我覺得寫作的空間是另一回事；一點點外在的失序顯現心靈的豐富多產，表示這個人創造力旺盛。一間完美無瑕的書房總是向我顯示，房間的主人恐懼自己的心靈，其外在空間反映出內在的控制欲。創作正好相反：它是失去控制。

給自己一間寫作的房間，在那裡擺放寫作的工具固然是好，但是我們應有自知之明，不要迷失在室內裝潢之中。還記得我花七十五美元月租分租到的第一間工作室，那是別人家三樓的一個大房間，沒鋪地板，有三扇窗。由於房東也住在那裡，為了讓自己在房東一家都不在時也進得了大門，我先得和一隻杜賓犬套交情達三天之久。儘管如此，在城市的另一頭擁有一個只屬於自己的寫作處所，對我而言意義非常重大，這意味著我很把自己當一回事。在那之前一年，我曾苦惱著是否要花四十六美元買錄音機，以便練習大聲朗誦詩。叫我花錢添購電動打字機，想都別想。當我逐漸發展了自我，越來越以寫作為志業，就越來越樂於為寫作花錢。營造寫作的空間是你對寫作已更有使命感的另一個指標。

不過，請注意，就在上星期，我在新墨西哥州的道斯遇見美莉朵・樂蘇爾【譯註】。她是一位八十多歲的作家，著有好幾本長篇小說、短篇小說和詩集。她自稱她如今四海為家，到處探親訪友，住在他們家裡，而且走到哪兒便在那兒寫。她前不久才到加州探望女兒，這會兒來道斯拜訪朋友，要住在朋友家寫作一陣子。她在打聽哪裡可以讓她花三十美元左右買到一部老式手動打字機，而她用完之後就要送人。她走到哪兒都是這樣，所以就不需要拖著打字機前往下一個目的地。如此這般的寫作書房，何其簡樸！

【譯註】美莉朵・樂蘇爾（Meridel Le Sueur，1900～1996），美國女作家，本書寫作時尚在世。

39. 重大的題材：情色文學

有幾項大題材可能是你覺得非寫不可的，比方「愛情和情色文學」。像這樣重大的題材，很容易讓人行文變得過於哲學、淪為抽象，往往又是長篇累牘、枯燥乏味，而且永遠也講不清楚你所要講的東西。「啊，對了，情色文學，我相信這與性的本能和行為有關……」追根究底，因為你在寫作時有一點神經緊張，不曉得該如何說出你所要講的東西，同時還有點害怕，怕自己會真的講出來。放輕鬆吧。

永遠從自身開始，並且順勢而為。**情色文學**是個沉重的字眼，如果你覺得緊張，不妨環顧室內周遭。從某一樣小而具體的東西寫起，比方杯墊上的茶杯、蘋果薄片，或者你的紅唇上殘留的巧克力夾心餅屑。有時你的開頭得離題很遠，然後再迂迴地轉回正題。寫作就是在探索，你想探索你和某個題材的關係，而不光是查出它在辭典裡的定義便行。

「我從何而來？」新墨西哥州一個學生在一次定時寫作練習時處理這個題目。她從不久前才發生的一件事寫起──拜訪剛生產的朋友；她敘述訪友的細節，以及她如何為朋友夫婦倆和新生嬰兒準備感恩節晚餐。你一邊讀著文章，一邊覺得她最早提的那個問題一直在嗡嗡作響。行文至一半，正在聖塔菲烹飪火雞大餐時，場景突然轉到了布魯克林，她母親當初生下她的情景。你不能老是直接攻擊題材，有時也該花點時間接近它。

片桐老師對伴侶有所開示：「你們應當併肩同行，而非面對面。」我們即應以此方法說出我們需要說的話：不是激烈地一股腦兒往前衝，而是在旁手舞足蹈一下再前行。如果你在春情蕩漾的時候寫下吃甜瓜的事，即使你從未提及情色二字，我們讀文章時仍會感覺春情蕩漾。

不過，別以為這意味著就算你想大膽直挑情色話題，也不宜如此厚臉皮。只是說，如果你一下子便脫掉衣服，縱身一躍跳進水中，說不定會覺得水太冰涼了。你會再度躍出水面，說：「這個任務太巨大了。」不妨從對岸開始接近情色題材，全身衣著整齊，不慌不忙地泅過河。如果你在游泳的時候慢慢脫掉襯衫和褲子，等到你抵達另一岸時，便會一絲不掛——一如你一直以來的期望，大膽厚顏地直挑情色題材，而且不會因此覺得恐慌或難為情。你花了好些時間才到達那裡，腳踏實地上到另一岸，我們即隨著你緩緩前行。不管你講什麼，我們都樂於傾聽。現在，放馬前去，狂野一下吧。

此外，你或許會想從另一個角度來處理巨大的題材。把這個題材劃分為不同的層面。如果**情色文學**這個字眼讓你呆若木雞或瞠目結舌，乾脆把它弄得更為私密有趣一點。試試下面的例句：

什麼令你熱情如火？

列出你所知具有性意味的水果。

沒在談戀愛時，你都吃什麼？

你身體的哪一部位最有情色意味？

「軀體變成了大地景觀」——美莉朵・樂蘇爾——這句話會讓你聯想到什麼？你頭一回感覺春情蕩漾的時候。

倘若你不曉得情色是什麼，就當做你明白地寫下去。好啦，你有十分鐘時間從上面例句中選定一句來寫。記住要寫得明確清楚，開始吧，讓你的手不停地寫，不要編輯。

40. 在本城作個觀光客

寫作人描繪其他人不太注意的事物，比方說我們的舌頭、手肘、水龍頭流出的水、紐約市用的那種垃圾車、某小鎮褪色路標上的紫色。我總是對我教的小學生們講：「拜託拜託，別在你們的詩裡再提麥可・傑克森、阿塔利（Atari）遊戲和電視人物了。」這些人事物都已獲得他們所需的關注，何況還有為了確保他們能普受歡迎而撒下的巨額廣告。寫作人的職責就是將平凡化為生動，喚醒我們留心簡單中自有不凡之處。

當我們在一個地方住久了以後，往往覺得那裡越來越無趣。我們不去注意身邊的事物，出遊因而變得如此令人興奮。我們去到一個新地方，會以新鮮的眼光看待周遭的一切。我有位朋友住在紐約，她上一回去帝國大廈是小學五年級時的學校參觀活動。當明尼蘇達的朋友去紐約玩時，當然會想去那幢偉大的摩天大樓。她再度登上樓頂很是激動，不過要是只有她一個人，她絕對不會再上去，也不會有這份興致。

寫作人便是頭一回從中西部來到紐約市的觀光客，只是她從未離開過中西部；她透過一個觀光客的眼光觀看自己所住的城鎮，並開始用這種眼光審視自己的生活。前不久我遷居聖塔菲，由於那裡沒有多少寫作差事，我在當地一家餐廳裡擔任兼職廚師。星期天一大早六點起床，預備整天煮早午餐，我忍不住質疑起自己的命運。早上八點，忙著把胡蘿蔔切成斜刀塊，我注意到胡蘿蔔橘紅的色澤，因而想到了自己：「這實在好深奧啊。」我愛上了這些胡蘿蔔，笑了起來，「原來我變成這樣了！才一點點小事就讓我如此心滿意足。」

學著書寫平凡事，歌頌老咖啡杯、麻雀、市公車、薄片火腿三明治。把所有你想得到的平凡事物列成一張表，以後想到什麼再繼續列上去。對自己許下承諾，離開人世前，要在你的詩、短篇小說或報紙文章中，那張表上的每樣東西至少都要提到一次。

41. 處處皆可寫作

好，你的孩子正爬進早餐穀物包裝盒裡。你的支票戶頭裡只剩一塊兩毛五。你的先生找不到他的鞋子，你的車子無法發動，你曉得你的生活中充斥著許多未能實現的夢想。這世界有發生核子浩劫之虞，南非有種族隔離制度【譯註】，屋外的氣溫零下廿度，你的鼻子發癢，而你連三個可以配成一套來盛晚餐的盤子也沒有。你的雙腳紅腫，你需要預約看牙齒，你應該要放狗兒出去，你得把雞解凍並打電話給波士頓的一位親戚，你很擔心你母親的青光眼，你忘了替照相機裝底片，超市的白鮪魚塊在大減價，你正在等應徵工作的回音，你剛買了電腦還等著拆開包裝。你必須開始吃芽菜並戒食甜甜圈，你遺失了最心愛的一枝筆，而貓咪在你正在使用的筆記本上灑了一泡尿。

拿出另一本筆記本，抽出另一枝筆，只管寫，寫，寫。在這世界的中央，踏出積極的一步；在一團混亂的中心，採取明確的行動。只管寫，持肯定的心態活下去，時時保持覺察。只管寫，寫，寫。

最後，世上沒有十全十美的事，如果你想寫作，就得明白這一點並提筆開始寫。沒有十全十美的氣氛、筆記本、筆或書桌，因此請訓練自己保持彈性。試著在不同的環境和場所寫作：在火車上、巴士上、廚房餐桌上、獨自在森林中倚著樹幹、在溪畔把雙腳泡在水裡、坐在沙漠中的岩石上、在家門前馬路的圍欄上、在走廊上、在門階上、在汽車後座、在圖書館、在午餐吧檯、在巷子裡、在職業介紹所、在牙科診所候診室、在酒吧的木頭雅座上、在機場、在德州、在堪薩斯州或瓜地馬拉、在啜飲可樂、抽著菸、吃著培根萵苣番茄三明治時。

前不久我到紐奧良，並參觀了一座墓園。由於水位的緣故，每座墳都高於地面。我帶著我的筆記本，在路易斯安那州酷熱的天氣中，坐在水泥地上，藉著墓碑稀疏的陰影乘涼並寫作。當我再抬起頭時，已經過了一小時，心想：「這太完美了。」當時我的座位並不完美，可是只要我們寫得熱烈又專注，在哪裡都無關緊要：這是種完美的狀態。曉得自己無處不可寫作，予人極大的自主感和安全感。只要你想寫作，不論如何，你終究都會有辦法可寫。

【譯註】本書寫作時南非尚未取消種族隔離制。

42. 更進一步

每當你覺得已經把該講的東西都講完時，不妨再推自己一把，往前再走幾步。有時你以為自己已經完成了，其實你才剛要開始呢。說不定那正是為什麼我們決定已完成的原因。事情會變得越來越嚇人，我們逐漸探觸到某件真實的事物。你以為自己言盡於此，如果再深入一點，某種強而有力的東西往往便在這時破浪而出。

記得我有位學生，她的母親因癌症過世，她用一頁篇幅寫下這件事，文筆簡潔而優美，可是她只寫了一頁便停筆。當她在課堂上唸文章時，我總感到意猶未盡，並把這個感想跟她講了。她微笑著說：「嗯，因為十分鐘的寫作時間到了。」有需要的話，儘管寫到十一分鐘。我知道這樣可能蠻令人害怕的，而且的確是失控了。不過，我向你保證，你可以突破到另一邊去，然後一路哼著歌回來。開始哼歌之前，可能會哭個一會兒，但這無傷大雅。心有所感時，手只管不停地寫。我在寫我最傑出的作品時，心往往是碎的。

我在教年幼的孩子寫作時，他們常常寫出情節非常複雜的短文，可是他們並不努力去化解疑難，反而採用「這時我醒過來了！」此一伎倆。如果你在寫作時，一直不肯走完全程以徹底化解疑難，那麼你不是從夢中醒來，而是揹負著這個噩夢走上街頭。寫作賜給你一個泅向自由的大好良機。

即使你已經推了自己一把，並覺得已有所突破，也得再推一把。一旦往前再游出去，在浪頭上能留多久便留多久。請勿半途停下，那一刻不會一模一樣地重現；現在不一口氣完成，以後回頭再寫，將耗掉你更多的時間。

這是出自我個人親身經驗的諄諄忠告。讓自己往自認為能力所及的地方更進一步。

43.心生憐憫

此刻我正在希臘的一個島上：愛琴海、海邊廉價的住房、裸游，以及讓你坐在竹亭底下，啜飲茴香酒、品嚐章魚，並欣賞夕陽餘暉的小酒吧。我三十六歲，同行的朋友三十九歲。我們倆都是頭一回到歐洲，這裡有什麼我們都照單全收，不過都只吸收一半而已，因為我們時時都很忙，時時都在談話。我告訴她我六歲時穿著粉紅色芭蕾舞裙上台表演跳舞的事；那天我爸爸坐在第一排，一看到我出場，他便激動地哭了。她則告訴我她丈夫在內布拉斯加州一所天主教學校就讀時，有一回他擔任一齣話劇的主角，演出時卻遲到了，修女們竟叫全校學生跪下祈禱他快點出現。

星期二那天我覺得需要獨處，想四處走走、寫寫東西。每個人一生中都有自己最恐懼的事物，我害怕的是寂寞。我們最害怕的事物，自然也是我們最有必要加以克服的事物，克服以後才能實現生命的夢想。我是寫作人，寫作人花很多時間獨處寫作。此外，在我們的社會中，從事藝術是很寂寞的。其他人早上都出門去上班，做結構性的工作，藝術家則活在組織化的社會體系之外。

我那天之所以選擇獨處，是因為我總想突破我的界限。正午時分，酷熱難耐，我不想到海邊，但中午時分到處又都在午休。我開始納悶，我把人生過成什麼樣子了。每一回只要我覺得無所適從或茫然若失，似乎就會開始懷疑自己整個的人生，我就會變得很痛苦。為了讓自己及時自拔，我會告訴自己：「娜妲莉，妳本來打算寫東西的，現在就寫吧，我才不管妳是不是覺得混亂又寂寞。」於是我開始寫了。我寫附近一間教堂、港口裡的船，以及我在咖啡座坐的那張桌子。但那時的寫作過程並不好玩，我一直在想朋友不知何時才會返回。她並未搭五點那一班船回來。

我不懂希臘語，全然孤獨一人，因而對周遭環境觀察得更加敏銳。鄰桌桌上堆了四季豆，四個男人坐在那兒撕著豆筋，臉朝著海的男人和他左側的男人在爭執著什麼。碼頭附近一位黑衣老婦，正彎腰脫掉她的長襪。夕陽西沈時，我閒晃到一個陌生的海邊，坐在沙洲上讀起《非洲的青山》。我注意到有家小酒館售有新鮮鮪魚。我蠢蠢欲動，想與所處的環境產生關聯。我非常想念我的朋友，然而藉由恐慌，我反而達到突破，感覺沙灘、天空和我的人生合為一體。我沿著海灘走回去。

當我們在巴黎邊走邊逛時，朋友因為生怕迷路，非常恐慌。我不怕迷路，真要迷路了，乾脆就讓自己迷路到底，最糟也不過如此。我查看地圖，尋找該走的路線。我甚至喜歡在巴黎的大街小巷亂逛，搞不清楚自己身在何處。同樣的道理，我需要孤獨漫遊，並學習享受獨遊的滋味。一旦孤寂難耐，便拿出地圖，不慌不忙地找路，將自己推出迷宮，而無需縱身跳入虛無的存在處境，無所不質疑——「我幹嘛要寫作？」

因此，當我們提筆開始寫作，眼前卻是空白的紙，一顆心拿不定主意，腦中空空如也，深怕自己毫無感覺——就從那裡寫起，從產生電力的地方寫起。這是一種不加控制的寫作方式，起頭時，身處無知和黑暗當中，也不曉得最後的結果會怎樣。然而面對那些東西，從那裡寫起，終將讓我們敞開心房，向世界展露我們的本色。從恐懼的暴風中浮現的，將是一個真實的寫作聲音。

我在巴黎讀了亨利・米勒的《北回歸線》【譯註1】，在倒數第二章中，米勒怒責法國迪戎的一所學校，他在該校當英文教員時，有如龍困淺灘。他批評校園裡的死人雕像、日後將成為牙醫和工程師的學生、冰冷刺骨的冬天，以及努力生產芥末醬的整座城市【譯註2】他對自己不得不在那裡感到滿腔怒火。接著，就在那一章的結尾，一天深夜，他坐在校門外，內心一片寧靜。就在那一刻，他接受了他的處境；他明白了，一切事物皆無好壞之分，只要活下去就是了。

自我們的痛苦中出發寫作，終將促使我們對自己既渺小又時時在摸索的生命產生憐憫；從此一殘破的狀態，惻隱之心將油然而生，我們將憐惜我們腳下的水泥地，還有在疾風中霹啪作響的乾草。我們將可觸及周遭的一切，我們以前覺得它們好醜，如今則看到它們特有的細節，比方剝落的油漆和灰暗的陰影——其實這就是它們的本色，沒有好壞之分，且就是我們生活周遭的一部分而已。熱愛生活，因為它是我們的生活，此時此刻，什麼也比不上它。

【譯註1】亨利．米勒（Henry Miller，1891～1980），美國作家，頗受爭議的自傳體小說《北回歸線》是他的成名作。

【譯註2】迪戎以生產芥末醬著稱於美食世界。

44. 懷疑是種折磨

我有位朋友計劃搬到洛杉磯，希望能就近打入音樂界。他既會寫曲，又會演奏樂器，而且也該是他跟著感覺走的時候了。片桐老師對他說：「嗯，要是你真的有心要去，我們來談談你現在所持的態度。」

「呃，我會盡力而為，我覺得應該要試試看。如果沒成功，也沒關係，我會坦然接受。」

老師答稱：「這個態度是不對的，要是有人把你打倒了，你得站起來。要是他們再一次打倒了你，你要再站起來。不管你被人打倒多少次，都得再站起來，這才是你應有的態度。」

寫作亦是如此。每一本出版問市的書籍背後，說不定有成千上萬本無法出版的書。可是，我們還是得繼續努力。如果你想寫作，只管寫吧。如果寫好了一本書卻沒人肯出版，那就再寫另一本。你會越寫越好，因為你已經有過更多的練習了。

每隔一個月我就會興起停止寫作的念頭，心頭會浮現如下的對話：「這樣做實在太愚蠢了，我賺不到錢，寫詩沒前途，沒有人要讀詩，寫作太寂寞了，教我痛恨。我真是笨，我想要過一般的生活。」這些念頭十分折磨人，懷疑是種折磨。如果我們全心全意投入某件事物，便能比較清楚地看出何時應該罷手。這是對毅力持續不斷的試煉。有時我會傾聽懷疑的聲音，然後有那麼一時半刻會脫離正軌，「我想我改行從商算了，開家咖啡館，讓其他寫作人可以到那裡去，喝杯卡布奇諾、寫寫東西；不然，嫁人算了，生孩子，當家庭主婦，煮好吃的雞肉晚餐。」

別聽信懷疑的聲音，它沒有別的用處，只會讓你痛苦消極。它就像你正設法寫作時，心裡那個對你挑三揀四的聲音：「那太愚蠢了，別那麼寫。你以為你是誰啊？竟然想當作家。」別去理會那些聲音，它們有害無益。相反地，對你的寫作要有憐愛之心與決心，保有幽默感和極大的耐心，相信自己正在做一件正確的事。不要被懷疑那隻長著齧齒的小老鼠給咬到了，放眼去看看廣袤無邊的人生，並且對時間和練習保有信心。

45. 一點甜頭

猶太教有項古老的傳統，當小男孩開始上學，在他生平頭一回讀摩西五經（Torah）後，大人會餵他一口蜂蜜或一塊糖。如此一來，他永遠都會把學習和甜美的滋味連在一起。寫作也應該是這樣。從一開始就應該保持美好喜悅的心情，別和寫作為敵，讓它變成你的朋友。

寫作是你的朋友，它永遠都不會背棄你，倒是你說不定會多次背棄它。寫作的過程源源不絕地帶來生命和生命力，有時我從外頭工作回家，心裡又亂又煩，這時我便會告訴自己：「娜妲莉，妳曉得妳需要做什麼，妳需要寫作。」我要是聰明的話便會聽從，要是當時自暴自棄，或者正處於非常懶惰的狀態中，便不會聽勸，就繼續憂鬱下去。然而，當我確實聽話時，它讓我有機會探觸自己的生命，這往往讓我整個人變得柔軟，讓我得以再度拾回自我。即使我筆端寫的是那天上午尖峰時刻在公路上發生的細節，重溫這些細節通常會賜給我一種平靜與篤定的感覺，「我是個人；我早上醒來；開車上了公路。」

引述一句戈爾．維達爾【譯註】的名言：「每位作者和每位讀者都知道，好的寫作是最棒的旅行。」別擔心寫得「好不好」，只要寫，便足以使你置身天堂。

【譯註】戈爾．維達爾（Gore Vidal，1925～），美國作家、劇作家、藝評家。

46. 嶄新的一刻

片桐老師從前常說：「百尺竿頭，更進一步。」聽來好嚇人，不是嗎？你好不容易才到了竿頂，已經夠危險了，這會兒又不准留在那裡，必須繼續向前，踏出竿頂邊緣。換言之，你不能抱著你的成功或失敗不放。「我寫出了美妙的東西。」很好，不過嶄新的一刻又已展開，寫別的東西，別被你的成就或慘敗弄得七顛八倒。不論遭遇什麼情況，都要繼續寫下去，這會讓你保持健康與活力。其實你也不確知自己踏出百尺竿頭時，會不會墜落地面，說不定反而會飛上天。不管結果如何，事前都是說不準的，只管寫就對了。

沒有什麼理由，鬱金香逢春便會綻放。當然啦，你得先前埋下了球根，而這會兒時值四月，大地回暖，可是為什麼花會開呢？除了地心引力以外，沒有其他原因。地心引力又怎麼會促使花開呢?沒有什麼理由。而且,話說從頭,你當初幹嘛要埋下紅色鬱金香的球根呢?為了美,美就是美,沒有什麼其他道理。這麼說,這世界是空虛的,事物的興衰都是無理可循的,而這其中蘊藏著多少機會啊!你隨時都可以提筆寫,拋下你所有的失敗,坐下寫出偉大的作品,或者寫可怕的玩意兒,並因而感覺很棒。

專教人如何赤足走在火燙煤炭上的東尼．羅賓斯(Tony Robbins)曾說過一件關於他簽合同的事。以往,每逢他要在某個城市開班授徒時,包商都會針對價錢和日程表等等,跟他討價還價個不停。那一回,東尼決定要改變雙方互動的氣氛。他買了把水槍,在裡頭注滿了水,然後把水槍放進他那件價值一千美元的西裝外套口袋中。當雙方在十樓的商務大套房裡開始為錢起爭執時,他掏出水槍,隔著大辦公桌,向相對而坐的包商射水。包商驚訝至極,爆笑出聲,頓時發覺他們年年都在討價還價,於是掏出筆來,簽下了合同。每一刻都是嶄新的時刻,從來沒人在商務會議上用過水槍,但並不表示有不准使用水槍這麼一條規定。

就是現在,擺開你的抗拒心理,寫出偉大的作品。現在正是嶄新的一刻。

47. 我為何而寫

「我為何而寫？」問得好，不時問自己一下。沒有哪個答案會使你停止寫作，隨著時光推移，你會發覺，形形色色的答覆你都給過。

1. 因爲我又笨又蠢。
2. 因爲我想讓男生對我刮目相看。
3. 這樣我媽就會喜歡我。
4. 這樣我爸就會討厭我。
5. 我講話都沒有人要聽。
6. 這樣我就能掀起一場革命。

7.爲了寫出偉大的美國小說，賺到百萬美元。
8.因爲我很神經質。
9.因爲我是莎士比亞再世。
10.因爲我有話要說。
11.因爲我無話可說。

舊金山禪學中心的貝克老師（Baker Roshi）說：「『爲什麼？』不是個好問題。」事情該怎樣就怎樣，海明威曾說過：「爲什麼不重要，是什麼才重要。」講出確實且詳盡的情報，至於為什麼，就留給心理學家去傷腦筋。知道自己想要寫就行了，提筆寫吧。

不過，這是個盤踞腦海、值得教人一再探討的好問題。它的好處並不在於你終將找到一個理由，而在於你將看到寫作如何以種種理由滲透充斥在你的生活之中。雖然寫作可能具有療效，但是寫作並非治療。你不會因為發現了你之所以寫作是由於缺少愛，從而停筆不寫。接受心理治療則不同，經過治療，你發覺自己猛吃巧克力是缺乏愛的一種寄託；知道原因後，（幸運的話）你會戒口不吃賀喜巧克力條和熱巧克力漿。寫作比治療深奧，你透過你的痛苦而寫，就連你的苦難也得見諸筆端，接著讓它隨風而逝。

上寫作課時，痛苦往往會浮現心頭：丈夫之逝、將夭折的寶寶骨灰灑到河中、一位逐漸失明的女士。學生們唸出剛剛才寫好的文章，我告訴他們，想哭的話，儘管哭，可是別忘了繼續唸文章。等他們唸完，我們暫停一會兒，再請下一個人繼續唸。這麼做並不是因為我們不在意他們的苦難——我們承認他們受苦了——但寫作才是我們的目的。寫作給了我們大好良機，讓我們得以拾起內心所感受到的情感，然後賦與它們光芒、色彩和一個故事。我們可以將憤怒轉化為冒著熱氣的鮮紅鬱金香，將悲傷化為十一月陰暗的天光下，松鼠四竄的一條老舊巷弄。

寫作具有龐大的能量。如果你為寫作找到一個理由，隨便什麼理由，似乎都不會否定寫作這項行動，反而會讓你益發燃燒自己，讓光芒益發照亮筆端。問問自己：「我為何而寫？」或「我為何想寫？」不過別去思考這個問題，拿出紙筆，用清楚、斬釘截鐵的聲明來回答。每一項聲明都用不著百分之百的真確無誤，這一句可以和另一句形成矛盾。需要的話，甚至可以撒謊，好讓自己寫下去。要是你不知道自己為何而寫，就當作你曉得原因，寫下你的回答。

我為何而寫？我寫作是因為我一輩子都閉緊了自己的嘴巴，而自我的秘密真相則是，我想要長生不死，也想要我的族人長生。人世的無常和時光的消逝令我心傷；歡樂的時候，一股悚然之感總會爬上心頭，我感到一切終將消逝，為此我好不痛苦——明尼亞波利斯，這個位在神話般美利堅中西部的偉大城市，市區裡海尼平大道上有間可頌快餐店，終有一天，我將再也喝不到它的熱巧克力。我將搬到新墨西哥州，在那裡，沒有人會了解坐在店裡看見午後天空突如其來的閃電、銀白色的天花板、烤箱裡隱約飄來的一陣陣可頌香味是什麼樣的感受。

我寫作，因為我孤零零一個人，而且孤零零地遊走在這世上。沒有人會曉得我遭遇了什麼，而更教人驚訝的是，我自己也不曉得。這會兒是春天了，我記不得置身零下四十度是什麼滋味。即使開了暖氣，你也能感覺到死亡正透過你家薄薄的屋牆在尖聲吶喊。

我寫作，因為我瘋了，精神分裂。我明白這一點，並接受這一點，所以我必須針對這一點做些事情，不然就得去住瘋人院。

我寫作，因為有些故事人們忘了講，因為我是個設法在生活中振作的女人。我寫作，因為據我所知，最有力量的一件事，就是用你的唇與舌形成一個字眼，或者想一件事，然後大膽地將之寫出，好讓你一輩子也沒法收回。我正設法恢復生氣，深入內心深處，帶它們重見天日，並賦與它們顏色和形體。

我因為徹底感到茫然不解而寫作，我不了解為什麼即使有愛還不夠，亦不了解為什麼到頭來，我所擁有的，說不定只有寫作，但這樣還是不夠。我一輩子也無法硬生生吞下這一切，何況我偶爾得離開書桌、筆記本，轉而去面對我自己的人生。還有些時候，唯有回到筆記本時，我才能真正面對自己的人生。

我因為傷心而寫作，寫作讓我對傷心事處之泰然，讓我自己堅強並回到安身立命之處，而那可能是我真正的、唯一的家園。

一九八四年四月，我在可頌快餐店寫了上面這篇文字。換做是現在來寫，可能會出現不同的回答。我們寫在當下，反映了當時心中的想法、情緒和環境。不同的回答並無真偽之分，它們都是真實的。

當你內在那個絮絮叨叨的聲音又浮現，質問著「你幹嘛要浪費時間？幹嘛要寫作？」只管一頭栽進稿紙裡就對了，充份準備好各種答案，就是別設法自圓其說。你想寫就寫，沒什麼道理。你寫，是因為你想練好字跡，因為你是個大白癡，因為你愛透了紙張的氣味。

48. 每個星期一

去年冬天，我和好友凱特每逢星期一便一同寫作。我們早上九點碰頭，一直寫到下午兩、三點。有時，她劈頭便講：「我們來寫分離，好不好？寫一小時。」由於在場就只有我們倆，寫作時段終了，我們會大聲向對方唸出方才寫的文章。由於我們先前手一直不停地寫，因此寫下的字數還真不少。

我們試過在不同的咖啡館寫，有一回甚至開了一小時車程，南下到了明尼蘇達州的歐瓦托納，好帶她瞧瞧我很喜愛的那間由蘇利文設計的銀行。我們在對街的咖啡店裡寫作，當時我失業了，正在找工作，她則因獲得補助，得以專心寫作。

我告訴你們這件事，因為它很重要。我們樂於每週撥出一整天的時間全心投入寫作，是因為寫作、分享和友誼都具有重要意義。我們選定星期一，也就是一星期的第一個工作日。請記住，當你的人生除了掙錢維持生活以外別無其他意義，而你發覺自己為此憂心忡忡時，請記住我和凱特。

我在耶路撒冷暫居的三個月期間，房東是位五十來歲的以色列婦人。她的電視壞了，打電話請人來修。工人來了四次才修好螢光幕，「可是你早在他第一次來之前，就曉得什麼出了毛病呀。他原可帶著映像管來，立刻修好電視。」她一臉驚異地瞅著我，「沒錯，但是這麼一來，我和他就沒機會變成朋友，一起坐下來喝杯茶、聊聊修理的進度了。」當然囉，目的不是要修電視，而是要交朋友。

這件事也值得記住。重要的不只是你在做什麼——「我在寫一本書」——還包括你怎麼做、怎麼去完成它，以及你重視的是什麼。

有一回，住在我樓上的朋友說：「娜妲莉，妳和萬事萬物都可以交朋友，並不光是人而已。妳和樓梯、門廊、汽車、玉米田和雲彩都可以做朋友。」我們是萬事萬物的一部分，一旦了解這一點，我們便會明白，在寫作的不是我們，而是萬事萬物透過我們在寫作。我和凱特透過彼此，透過星期一，透過街道和咖啡館來寫作，就像彼此渲染的顏色。

現實有很多種。當我們過度在意世上其他人怎麼生活，或以為他們怎麼生活時，應當記住這一點。我們只需在意我們自己的生活、想如何寫作，想如何去碰觸雨滴、桌子、音樂、紙杯以及松樹。

先寫十分鐘，可收到很好的暖身或清醒作用，從「我是……的朋友」開始寫，但列出的名單必須是無生命的事物。這樣有助於將那些事物帶進我們的生活範圍中；烤麵包機、公路、山巒、路邊的欄柵都和我們生活在一起。當我們過度耽溺於自我時，做上述的練習以及和朋友一起寫作，可以提醒我們抽離出來，反省一下。

49. 再談星期一

我想再談談我和凱特共度的那些星期一。有一回，我們在她家一樓聚會。她的丈夫在樓上睡覺，孩子們則在托兒所；按摩桌上擺了架小暖爐，可是對我冰冷的雙手並沒有太大幫助。我們一根接著一根地抽著菸，並沒有真正把菸吸進去，而是在「噴煙」。凱特像紐約客似的，脖子上裹著條圍巾。

我們談起我們身為寫作人的聲音，這些聲音既強勁又大膽，但是作為一個人，我們卻軟弱得可以。就是這樣造就了我們的狂熱；當我們坐下來寫這個世界時，對它懷抱著無盡的熱愛，可是在世俗生活裡，我們卻又輕忽了它，兩者之間形成一道裂痕。在海明威筆下，坐在漁船中的老人聖地亞哥有著無窮的耐心，可是海明威本人一旦出了書房，卻會虐待老婆，並且酗酒。我們必須開始拉攏這兩個世界。藝術是不侵犯他人的行為，我們必須在日常生活中實踐這門藝術。

我們一整天多半在說話，只寫了兩個時段，一段二十分鐘，並讀了王紅公【譯註】寫的一首很美的詩。不過我們並不在意。那一整天就是一首好詩，綿綿的友情，冰冷的腳丫子，餵貓，用菸蒂填滿了煙灰缸。要是我們當時夠聰明的話，大可就這樣混到當天晚上。可是我們卻向彼此告別，孤獨地回到各自的世界裡。

片桐老師說：「我們的目標是，時時刻刻對眾生懷抱善念。」這並不表示我們在寫出一首好詩以後，就能蔑視我們的生活，咒罵我們的車，或在高速公路上亂超車；而是意味著，要把詩帶到書桌以外，帶進廚房裡。不論我們在經濟社會裡掙得的稿酬是多麼微薄，不論我們在雜誌上得到的認同是多麼微小，這便是我們身為寫作人的存活之道。我們並不是為稿酬和認同而寫作——不過，能得到稿酬和認可也挺好的。

在我們內心深處有個最隱密的祕密，那就是，我們寫作是因為我們熱愛這世界。那麼最終為何不走進客廳、後院和蔬果雜貨店，用我們的軀體完成這個祕密呢？讓整件事情如花朵般綻放：詩和寫詩的人，並讓我們對這世界常保善念。

【譯註】王紅公（Kenneth Rexroth，1905～1982），美國詩人，曾與作家鍾玲合譯中國女詩人作品。

50. 即興寫作攤位

在你的學校、教會、禪學中心、托兒所舉行園遊會、嘉年華會或義賣會時，別把自己當成局外人，以為自己沒有東西可以貢獻，擺一個即興寫作攤位就是了。你只需要準備好一疊空白的紙、幾支寫得流利的筆、一張桌子、一把椅子和一面招牌，上書：「當場取詩」、「現場作詩」或「你命題，我作詩」。

我曾在明尼蘇達禪學中心的夏日節和園遊會活動中，擺攤售詩三年。一開始我很客氣，一首詩索價五毛錢，但到了第二年就漲價成一塊錢。一整天，攤前都有人在大排長龍。我請顧客隨意命題，題目包括有「天空」、「空虛」、「明尼蘇達」，當然還有「愛」。孩子們請我寫紫色、他們的鞋子、肚子的詩。我的規矩是把一張標準規格紙寫滿整頁為止，不刪改，中途也不停筆重讀。我也不管寫出的句子是否符合詩的格律，就像寫我的筆記本一樣，把一頁填滿。那是另一種形式的寫作練習。

據說，日本有些偉大的禪詩人每寫完一首美妙的俳句，便將詩稿塞進瓶中，然後將瓶子投入河中或附近的溪澗裡，任它隨波逐流而去。對任何寫作人來講，這都是一個不受繫絆的深奧例子。即興作詩攤子雖是廿世紀的事，卻有著一樣的道理，即是在完全不自覺的狀態下練習寫作。光是寫，而不重讀，並讓它散逸於世。有幾回，當我寫著寫著，感覺自己真的搔著了癢處，但我還是把那張詩稿遞給隔桌的顧客，然後回過頭繼續寫下去。

創巴仁波切曾說，要經商，得先當個好戰士。你必須無所畏懼，隨時都願意捨棄一切。設置寫作攤位給自己當個好戰士的良機：你必須割捨一切，因為你寫好的稿子得立即交給顧客。如此快速寫作會讓你確實地放鬆控制，我寫出來的，總是比我原本想說的多了很多。我真怕有個孩子請我寫篇有關水果軟糖的悅目文章，結果我卻滔滔不絕地講起看你吃的是哪種顏色的軟糖，五臟六腑也會隨之變成綠的、紅的或藍的。

不過，我們絕對不可低估人們，他們的確都想聽真話。詩攤受到極度歡迎，雖然美國社會並不特別支持詩人和作家，可是人們對於寫作這回事卻偷偷地懷抱著夢想和尊敬。十年前我還住在新墨西哥州道斯時，以五十美元的月租，租了一間破爛的泥磚屋。房東三十六年前在這屋裡出生，但他恨透了這屋子。當時他已遷居阿布奎基，是個事業蒸蒸日上的中產階級保險經紀人。凡是選擇住在他老家一帶的人，都被他瞧不起。我像個熱心的異國人士似的，愛透了那間屋子，一點兒也不在意廁所在戶外、只有一個冷水龍頭，以及燒柴的爐子。房東駕著他的大車子從大城市下鄉來時，我多次設法對他表示友善。可是不論我怎麼做，似乎都無效。我們活在截然不同的兩個世界裡。

有一天，我接到他快遞來的一只厚厚的信封，心想：「糟了，他要漲房租。」（每回只要我把屋子改善了一點，他就漲房租。）拆開封套時，先看到從地方報上撕下的一則新聞，報導我前一週舉行詩作朗讀會的事。一看到這張剪報，我立刻想到：「糟了，他要趕我走。」結果，我讀到的卻是東尼·賈西亞（Tony Garcia）的來信，他說：「親愛的娜妲莉：我了解到你是位詩人，隨信附上我在這十年來所寫的二十五首詩，你下一次舉行詩作朗讀會時，請你唸唸這些詩。」我作夢也想不到竟然可以用詩來和他交朋友。

一年前，我收到一位男士寄自舊金山的來信。信中說，他曾經十分迷惘，日子過得一團糟，因此加入了海岸防衛隊；他只帶了兩樣東西到海上服役：家人的照片和三年前我在明尼蘇達園遊會上替他寫的一首詩。寫那封信的時候，他生活過得很好，靠電腦賺了錢。他問我缺不缺錢用，缺的話，他很樂意寄點錢給我。他寫道，他一直把我寫的那首詩夾在他的皮夾子裡。

老實講，我壓根弄不清楚那首詩的內容是什麼，但是我希望詩中講到了一些美好的事物，比方那天下午我們頭頂上那些高大的楓樹、馬路對面湖上的光芒、溜冰鞋轉動的聲音、遠方飄來吹奏薩克斯風的樂聲，還有那年夏天能置身明尼蘇達是多麼美好的一件事。

擺設寫作攤位是讓人學會放空的大好練習。把一切都放空吧。從現在開始，讓自己完全當個寫作人。

51. 令人心動的留白

當你想寫某種形式的文字，好比長、短篇小說或詩，就得多閱讀那種形式的作品，看看那種形式是如何定調？第一句寫了什麼？作品如何結尾？你一旦大量閱讀了那種形式，它便會深深地銘刻在你的心裡，因此等你坐下，準備寫作時，便會應用起那個結構。舉例來講，假如你是個詩人，但想要寫小說，就得學習寫完整的句子，而且不能從一個意象跳到另一個意象。閱讀小說時，你的軀體消化吸收著完整的句子、確立場景的穩健手法；你曉得桌布的顏色，以及作者如何讓筆下的人物穿過房間，走到咖啡桌旁。

如果你想寫短詩，就必須消化那個形式的作品，接著練習寫作同樣的形式。試試看連寫十首短詩，每首詩的寫作時間只有三分鐘，每首必須是三行。眼睛看到什麼，比方玻璃、鹽、水、光線的反射、窗戶，便以什麼當做詩名，就這樣開始寫。三行，三分鐘，第一首詩的名字是「玻璃」。不要思考，敏捷地寫下三行；休息一會兒，再寫下一首；三分鐘寫三行，詩名為「鹽」。如此這般地寫下去，直到這種短促的思考已在你腦中結構成形，一旦你需要此一形式時，便可運用自如。特別是在寫作短詩時，用字務須精簡，詩名須可拓展詩的面向，而非重複使用短詩內容已使用過的字眼。

踏火人東尼・羅賓斯表示，如果你想學會某項事物，就去請教已鑽研三十年的專家，向他們學習；研究他們的信仰體系、他們心智結構，也就是他們思考的次序；還有他們的生理機能，即他們在從事他們擅長的工作時，是怎麼站、怎麼呼吸，以及嘴巴是怎麼閉攏的。換言之，以他們為榜樣。這樣一來，當你徒手去擊木板時，你將不再是你，而是你所效法的空手道黑帶高手，你的手不會受阻於木板，而會擊穿木板。

這是件很好卻也很難處理的事。徒有形式尚成就不了藝術，舉例說，我們經由學習，得知俳句是日本的短詩形式，一首俳句有十七個音節，分成三行，句中往往會提及季節和大自然的某件事物。全美國的小學生都在學寫這種三行詩，不過說實話，它們並不是俳句。如果你坐下來，好好多讀讀由布萊斯（R.H. Blyth）精譯的芭蕉、子規、一茶和蕪村等四大俳句名家的作品，便會發覺，他的翻譯其實根本並未遵照俳句的形式，也就是全詩共十七個音節，第一行為五個音節，第二行七個，第三行五個。日文是和英文迥然不同的語言，日文中每個音節所負載的意義遠大於英文的音節。因此，要用英文作俳句，只要寫三行短句便可。「好啦，我懂了，我研究過布萊斯的翻譯，寫三行短句就是俳句了，而且用不著細數一共有多少音節。」話是不錯，然而是什麼讓寫出來的東西是首俳句，而不只是首短詩呢？

如果你讀過很多俳句，就會發覺俳句中會驀然出現轉折，詩人在那時刻便會作巨幅的跳躍，讀者的心智得加緊直追。這會在讀者的心靈中產生小小的令人心動的留白，而那簡直就是體驗到神的存在的一刻；當你有這種感覺時，往往會不由自主地脫口喊出「啊」。讀讀看由布萊斯【原註15】譯的下面幾首俳句，慢慢讀，讀完一首，休息一下後，再讀下一首。

草叢中，
一朵白花綻放，
其名不曉。
—子規

春天離去，
打著哆嗦，野外
草叢間。
—一茶

紫藤的
香氛和色彩
彷彿離月兒很遠。

——蕪村

雉雞啼叫；
我多麼渴慕
逝去的雙親哪！
——芭蕉

那種令人心動的留白是寫作俳句的真正考驗。不論我們能把三行詩學寫得多麼好，都需要多加練習，才能把那種體驗到神的感覺注入三行詩句裡。芭蕉曾說過，一生只需寫出五首俳句便算是俳句詩人，寫出十首便是大師。

我們可能得先寫三本小說之後，才能寫出一本傑作。因此，形式固然重要，我們應當學習，但是我們也必須記得為形式注入生命。要達到這一點，就得多多練習。

52. 任人漫遊的廣袤原野

三個夏天以前，大衛在明尼蘇達州北部上了一週我所教的密集寫作班。班上共有二十位學員，其中有幾位是休假來上課的教師，其他則是在其他行業各有固定工作的成年人。他們對寫作都很有興趣，不過不少學員第一天早上上課時，都頗為靦腆，而且非常緊張。我按例先來段精神講話，鼓勵他們相信自己的聲音，說出他們需要說的話。接著，我們做十分鐘的寫作，然後大夥兒圍成一圈坐好，唸出方才寫的東西。有人一邊唸，一邊發抖。這並不見得是因為他們第一天早上便寫出什麼驚天動地的文章，而是由於頭一回把自己的心聲赤裸裸地呈現在一群陌生人跟前。有人唸出他們的童年、農場、他們有多緊張。一切如常展開，直到大衛很大聲地唸出：

自慰，自慰，自，自：慰、慰、慰、慰……

之類的，當然人人都嚇醒了。

在那一星期當中，除了這個，大衛沒寫什麼其他題材。如果光是根據這種寫作來看，有人會納悶我為什麼對大衛的能力深具信心。可是我真的很有信心。他打從一開始便打破所有的造句規則，說出他需要說的話，而且在我們所有人驚訝的眼光中，他始終都相信自己的聲音。我也在他的文字中感受到很大的能量，並且知道，只要他能駕馭那股能量，便能轉而寫作其他題材。接下來兩年，他都回來上寫作班。我佩服他的決心，也很欣賞他的幽默感（雖然有時在座只有我在笑）。誠然，常常沒有人能真正了解他在講什麼，我卻對他文字背後的能量很有信心。

我常有學生一著手寫作，就做到前後連貫；他們能寫出完整的句子、善於描繪、留意細節，並且寫得頭頭是道。在位於中西部核心的明尼蘇達，幾乎人人皆可寫出這樣的程度。我聽過關於龍捲風、冬日、老祖母的故事，可是多年聽下來，卻感覺在他們的作品裡看不到潛力。由於他們寫得的確不錯，因此不願意脫離熟悉的事物，打破自己的世界闖入新疆域，進入未知的天地。記得在一次週二晚間的課堂上，每個學員的習作基本上都又紮實又好，我無法動搖他們，但我希望他們嘴角流涎，活像無憂無慮的大傻瓜，漫遊徜徉在陌生的原野上。那堂課即將終了時，學生們都熱切地想弄明白，卻不能了解；我則熱切地想動搖他們，卻沒辦到。我突然停下，說：「我曉得問題出在哪裡了！你們沒有人曾經嗑過藥。」

我的意思可不是說非得嗑藥才能成為好作家，而是說，人生在世，偶爾應當瘋狂一下，失控一下，用不同於平時的觀點看事情，並了解到這世界並不是我們所以為的那樣；世界並不紮實，並沒有明顯的結構，也不是不朽的。我們總有一天會死去，這一點是無法受到左右的。不用嗑藥，獨自到森林待個三天。如果怕馬，就買匹馬，跟牠作朋友。拓寬你的疆界，冒險走偏鋒一陣子。我們表現出一副我們將永垂不朽的模樣，並陶醉在這個幻覺中。事實上我們並不知道自己何時會死，我們希望能壽終正寢，但可能下一分鐘就會喪生。常念及生命無常並不荒唐可笑，反而能讓我們活得更有生命力，更有現實感，並時時保持醒覺。

我相信，大衛雖任意馳騁飛翔在他寫作的天地中，但有朝一日他終將降落地面，向活在明尼蘇達州堅實土壤上的我們清楚顯現他眼中的世界；他將盤旋下降，像射箭高手般，精準擊中靶心。他給了自己很大的空間。如果你一開始便過於精確，接下來雖不會走偏了路，卻絕對無法正中靶心，無法讓自己筆下的文字與放諸過去、現在、未來皆準的真理相互激盪。

重點在於，大衛有決心，並且持續不懈地寫。他最近開始攻讀明尼蘇達大學的寫作碩士班，以學習寫完整的句子、頭頭是道的隨筆散文和回憶錄，並安歇平靜他的那股能量。聽說這件事時，我並不覺得太驚訝。大衛寫了以下這段文字：

腿

大衛・李伯曼作

看著《紅炭》封皮上
傑拉德．史騰和傑克．吉伯特的照片【譯註】——
傑拉德走路的樣子
我愛他，
我愛他的軀體，
他的雙腿包裹在鬆垮垮的褲子裡的樣子，
讓他們如獅子般地挺立，
他的步伐敞開，心靈開放，
繞著巴黎全部的汁液旋轉，
閃爍的雙腿，如裝飾藝術
如纖細的槽，
有思想的腿。
我愛一九五〇年走在巴黎的傑拉德．史騰。

我自己走在舊金山的教會區，
二月，與唐
還有墨西哥的年輕男人和女人們
也用他們的腿來挑戰這世界。
唯有在城市才會看見
身體在那裡發揮化學作用，吸收
馬路的、店舖的、汽車的、電車的、噪音的
所有力量
以及他們組織和分解
聲音與視覺與嗅覺的千百種方法
一切如地下鐵柵欄溢出的
蒸汽般襲來
而後被人的軀體收集
並解放了他們的心

鈴木老師在《禪心，初始之心》（Zen Mind, Beginner's Mind）中說：「管理人群的最上策，就是鼓勵他們淘氣。如此一來，他們便會受制於這種較寬廣的知覺。給你的牛或羊一片廣袤的牧草地，這才是管制牛羊的辦法。」你也需要一片寬敞的寫作場域。別太快扯轠繩，給自己龐大的漫遊空間，作個徹底迷途的無名氏，然後重返故土，開口說話。

【譯註】傑克·吉伯特（Gerald Stern，1925～），美國現代詩人，《紅炭》是他的詩集。

53. 鄉愿的個性

就像從事任何運動一樣，為了讓寫作進步，你就得勤加練習。不過，不要只是盲目地定期練習，盡責了事。「是的，我今天已經寫了一個小時，昨天也寫了一個小時，前天也一個小時。」別光是把時間寫滿為止，這樣還不夠，你必須非常盡力。當你坐下習作時，應樂於把整副生命放進字裡行間。不然的話，你只不過是機械性地推著筆橫過紙上，並且不時地看一看時鐘，看時間到了沒有。

有些人聽從「天天寫作」的原則，照章行事，卻沒有進步。因為他們只是在盡責任而已，這是種很鄉愿的作法。這麼做不啻在浪費能量，因為人需要花很大的力氣，才能在沒把心放進去的情況下照章行事。要是你發現這正是你基本的心態，乾脆停筆。停止寫作，星期或一年，等到你渴望說些什麼，等到你覺得不吐不快，再回來寫作。

放心，你並沒有損失時間，你的能量會更直接且比較不會被浪費掉。這並不表示「好極了，我先停筆一陣子，回來以後就會渴望寫東西，而且不會再有困擾。」困擾永遠會有，不過你內心深處的情感餘燼將已得到空間和空氣，正開始死灰復燃。你會更有心投入寫作，為寫作獻身的決心也更加堅定。

此外，最好記住，如果你已經拚命寫作了好一陣子，比方數週、一個月，或一整個週末分秒不停都在寫，就應該徹底地休息一陣子，去做些截然不同的事情，別再想寫作的事。去粉刷看來又暗又醜的客廳，把它漆成白的；試著依照你從地方報上剪下的食譜，烘焙一些甜點。把全副力氣放在別的事情上。用整整兩週時間來報稅或陪孩子玩。你將慢慢體會到自己的節奏——何時需要寫、何時需要休息。這會讓你和自己的關係更加深刻，而不是盲目地依循規則。

我想起了曾和我同遊歐洲一個月的一位好友。那年她一方面得教書，另一方面得撫育四歲大的兒子，非常忙碌。在歐洲的那一個月，她決心一天抽出一小時來寫作。她的那副模樣教我看了很難受，因為不管教書也好，洗衣燒飯也好，還是提筆寫作也好，她都只是在盡盡責任而已。

從我們的談話中，我發覺她在讀中小學時，從來不曾缺過課，就連生病時，她母親也堅持要她上學。一直以來，我們被教導著做人行事得守規矩，可是我們從未思考過這些規矩的價值何在。我住在明尼蘇達的六年期間，好些認識的人都深以為榮地告訴我，他們中小學時代都保持全勤紀錄。但我實在看不出上課全勤的真正價值。沒錯，學生每到校上課一天，校方便可得到政府一天的補助，而且全勤意味著可靠、堅毅和有規律等美德。我們固然應該學習上述節操，可是學習方式不應非黑即白，不知變通。

在黑白之間，應該也要有灰色和藍色的蹤影。我們有時得看牙醫、為小狗死掉而傷心、有猶太節日或美洲印地安節日要過、會患喉嚨痛，或奶奶會來家裡玩。生活是很了不起的，規律的日常生活應該帶有彈性，這樣我們才會得到空間去感覺一下能接受國民教育、學會讀書認字、用我們的黃皮鉛筆在印了藍線的白紙上拼字是多麼美好的一件事。

寫作時也需要這樣的彈性和空間。寫作必須要全心投入。是的，手不停地寫了一小時後，你會有好幾頁紙上都寫滿了字。然而歸根究底，你無法愚弄自己。你必須進入灰色和藍色地帶，進入你的情感、希望和夢想之中。到了某個節骨眼上，你必須有所突破，要是沒在眼前的寫作時段達成突破，下一段再努力。假如你寫了多年，已經煩了，那意味著你和你自己以及寫作過程並沒有連結在一起。倘若在你那鄉愿的個性底下隱藏了想當作家的祕密心願，可是你所做的努力卻只是抽空寫寫而已，光這樣是不夠的。

有時，你必須改變生活中其他的東西才能獲得進展，單只是寫並不夠。有天晚上在米蘭機場，和朋友各喝了一杯葡萄酒下肚後，她問我：「那妳覺得我會不會成為作家？」我不能不說實話：「嗯，我想妳的生活會過得很好，會撫育出個好孩子，並擁有一個美滿的婚姻，可是我不知道妳會不會成為作家。」她把酒杯重重一放，說：「我才不會把一輩子都花在星期天煮熱狗上！」這是她在那次旅行當中最中氣十足、措詞用語也最具創意的一段話。那個月終了，她斷然決定辭掉十一年的教學工作。在那之前的好幾年間，她對這份工作已感到厭倦；她決定嘗試一直想做的一件荒唐事——當吧檯調酒員。在那次旅行的最後幾天，她筆下生氣勃勃。

我住在中西部時，很喜歡在玉米田裡散步。我會開車到農場，停好車，在一排又一排的玉米叢間走上好幾個小時。秋天時分，你會聽到乾玉米稈颯颯作響的聲音。我邀一位朋友與我同行，她當場的反應是：「可是這樣做不是違法嗎？那片田地難道沒有主人嗎？」非常精確地講，她講的是真話，可是我又沒有損害到任何東西。從來也沒有人表示不高興，有幾回我遇到擁有玉米田的農夫，他們都同意讓我在那兒逛來逛去，對於我這麼喜歡他們的田地，還稍稍有些得意呢。

感受當下的情境是很重要的，不要在事前即自我設限。要是田地四周圍了鐵絲網，那意思就很清楚，我自會明白。與其遵守規則，不如對眾生心懷善念。立下規則是為保護事物不受傷害或濫用，只要心存良善，不必參考法規，自然而然也會行善。我曉得不可以摘玉米，也不可踩它的根，而且我只走在兩排玉米之間。

別為了當大好人而當大好人，所謂大好人這個說法很不切實際。走進玉米田中。全心投入你的寫作。勿設定規矩——「我每天都得寫」——而後麻木地照章行事。

不過請注意，就如我的朋友為了更深入寫作的天地，必須要改變她的生活，反過來說，也是如此。一旦你深入寫作的天地，便無法抽身而出，宣告玩完之後，就回家「乖乖做人」，而且不講實話。如果你在習作時下筆徹底坦誠，那麼誠實的因子便會滲進你的生命之中。

你不能在寫作時挺起腰桿，放下筆來卻又佝僂著身子。寫作可以教導我們說實話的尊嚴，並讓這份尊嚴從紙頁延伸到生活中的點點滴滴，而且理當如此。不然的話，做為寫作人的身分和日常生活的方式之間，會存有太大的落差。讓寫作教會我們生活，讓生活教會我們寫作，挑戰就在這裡。且讓它彼此來來去去流盪不息吧。

54. 毫無阻礙

我到新墨西哥州的道斯參加一場婚禮時，和十年前在喇嘛基金會認識的一個人聊了起來。我記得那年夏天他親手耕種一整畦豆田。他現在是個營造業者，並表示他知道自己內心真正想要做的，是寫作這一行，「可是幹營造比較容易。」我向他提起這本書，以及之前一天我是如何不情願寫作，抗拒心之熾烈為歷來最強的一次，「我想尖叫吶喊，想放把火燒了我的打字機，再也不要寫作。」

「是啊，可是不幹這個，又能做什麼？」他直視我的眼睛問道。

「沒有別的路了。」我明白這是實話。

當你什麼都嘗試過了——結婚、當嬉皮、雲遊四海、住在明尼蘇達或紐約、教書、靈修——你終於接受寫作是你的志業，你沒有其他的路可走。所以，不管你有多麼不情願，總會有一天，總會有第二天，前頭總是有寫作這項工作。你不能指望天天都能寫得很順暢，事情不會是這樣的。有一天可能順利得不得了，生產力旺盛，但下一回提筆再寫時，卻喪氣地直想報名上船，出海到沙烏地阿拉伯去算了。寫作這件事是沒個準的，你可能以為一口氣寫了三天，你終於創出自己的節奏；然而接下來第二天，唱片卻跳了針，一路吱吱作響，討厭極了。

眼光放遠一點，你的使命乃是寫作，或找出寫作的意義。在各種情況下都要繼續寫，不過別太拘謹嚴苛。如果有一天在你預定寫作的時候，卻不得不帶孩子去看牙齒，那就在牙科診所裡寫，或乾脆不寫。只要不忘你對狂野、傻氣又美妙的寫作練習的使命便行。要對習作永保友善的態度。回到朋友跟前，可比回到敵人身旁容易得多。十三世紀的禪學大師道元（Dogen）說：「日日是好日。」這句話便是我們對寫作所該懷有的終極態度，縱然我們有好日子，也有壞日子。

兩年前，我獲得一筆寫作獎助金，因而得以休假一年半，專心寫作。我的寫作節奏最多只能持續四、五天，再長就沒辦法了。我試著從早上九點寫到下午一點，剛開始效果不錯，後來就不行了。我換成從兩點寫到六點，奏效了一陣子。

後來又改成想寫就寫，效果時好時壞。我每週更改一次計畫表。我有機會嘗試一天當中的各個時段，但沒有哪個時段是十全十美的。重要的是，不論我試過多少種不同策略，絕對不要放棄和寫作交朋友。

把寫作當成呼吸一般。你到院子裡做園藝，或去搭地鐵，或去教書時，都不會停止呼吸。寫作就像呼吸一樣，也是基本的事。下面是我在筆記本裡找到的一段文字，寫於一九八四年七月二十七日：

> 我知道，用我那疲憊又老大不情願的腦子來工作，是我在這世上所能遭遇最深刻的事。這不同於我偶爾感到的愉悅和狂喜，或靈光一閃的覺悟，而是接觸日常生活的細節核心，並佇立在這核心當中，不斷地寫作；這讓我敞開了心房，使我如此深刻地感受到溫柔慈悲，並從而對周遭的一切起了熱切的憐憫心。不只是我跟前的這張桌子和可樂、吸管、冷氣機、七月的這一天裡在內布拉斯加州諾福克過馬路的這些人、一閃一閃顯示四點零三分的銀行電子時鐘、在對面寫作的我的朋友，也包括了不停旋轉的回憶、我們內心深處的渴望，以及我們每天都得竭力應付的苦惱；凡此種種，都自然而然地從我體

內流洩到在紙上運行的筆端，並打破了我腦袋中思想的硬殼，以及自我的侷限。

因此，當個寫作人是很深奧的，是我所知最深奧的一件事。我想，除寫作之外，別的我都不要——這將是我餘生在這世上所要走的路。我必須一次又一次地記住這一點。

55.你愛吃的一餐

要是覺得寫作不順，寫出來的東西看來都很假，那麼就寫食物吧。食物永遠實實在在，而且是我們每個人回憶往事時，都記得起來的一樣事物。我教過一個寫作班，不論怎樣都沒有進展，每一次習作都只製造出一些平淡無味的文字。有一天我福至心靈：「這麼著，你們有十分鐘時間，寫寫你愛吃的一餐。」寫出來的文章活潑有力，充滿生動多彩的細節，絲毫不會失之抽象。課堂中活力洋溢。一講到食物，人人都曉得自己愛吃什麼，觀點都明確、具體又清楚。

失落的一代詩人黛安．狄普利瑪（Diane Diprima）寫過一本名叫《晚餐和夢魘》的書，書的前半都在敘述她吃過、煮過的餐點，還有用餐的客人名單和食物材料的購買清單。其中有一篇精采的文章講到她在紐約市，一整個冬天都在吃巧克力夾心餅乾的事。這本書讓人讀來興味盎然，怎麼也讀不膩，因為我們大家都愛吃。

寫寫你最愛吃的東西，要寫得明確清楚，把細節都告訴我們。你是在哪裡吃的？當時還有誰在場？當時是哪個季節？你上週吃過最美味的一餐是什麼？「星期二早上在冷颼颼的廚房裡所吃的那根香蕉讓地球停止了轉動。」

從餐桌、乳酪，和隔桌而坐，有著一雙碧眼的老友；從玻璃水杯、條紋桌布、刀叉、厚厚的白色盤子、生菜沙拉、奶油和一杯淡粉紅色的葡萄酒，你可以恣意地擴展你的回憶、時空和意念，前往以色列、俄羅斯，到宗教、樹梢和路邊人行道上。而你的出發地點，就是正在你眼前，某樣清楚、具體且美味的東西。

好吧，就算你們當中有些人不擅社交，這輩子沒吃過一頓像樣的餐點，阮囊羞澀，而且一個朋友也沒有，那麼，就從你最近吃到的不新鮮乳酪三明治寫起；當時你置身於第一大道家徒四壁的公寓裡，兩天前喝剩的咖啡裡還漂著蟑螂的屍體。這就是你的生活，從這裡開始寫起。

56. 利用寂寞

昨晚我和一位多年老友坐在我的客廳裡。「欸，娜妲莉，我知道你講過寂寞的感覺，不過上個星期當我寂寞得不得了時，我覺得自己是世上唯一懂得寂寞是什麼滋味的人。」寂寞正是這麼一回事。只要我們覺得跟別人有所關聯，哪怕是其他寂寞的人兒，就不會再感到孤單了。

我和丈夫分手時，片桐老師對我說：「妳應該獨自生活，應該熟悉那種狀態，那是人最終的住所。」

「老師，我會漸漸習慣寂寞嗎？」

「不，妳不會漸漸習慣。我每天早上都沖冷水澡，而每天早上都被冷得嚇一跳，可是我繼續站在淋浴噴頭底下。寂寞永遠會咬噬人心，但是得學著挺身迎向它，別被擊垮。」

同年稍後，我又去拜見老師：「真的很難受，我回到家，孤零零一個人，心裡變得好慌。」他問我，一個人的時候我都做了些什麼。頓時，事情變得有意思了，「嗯，我洗碗盤、作白日夢、在紙上信筆亂塗、畫些心形，然後著色；我拾起盆栽裡的枯葉、聽很多很多音樂。」我開始研究起自己的孤絕處境，並產生了興趣。我不再有掙扎。

寫作可能會很寂寞，有誰會去讀？有誰在乎？有個學生問我：「妳是為自己寫作？還是為觀眾而寫？」寫作時，想像你正與他人分享你的看法；走出寂寞的深壑，向另外一個人表達自己。「當我住在中西部時，便是這樣。」寫出來，他們才能了解。藝術就是在做溝通。品嚐孤絕的苦澀滋味，而從那裡開始，與所有曾經孤單的人相濡以沫並互相憐惜。寫作時，引領自己在心裡想起某人，想著要向他傾訴你的生活；透過寫作，讓自己靠向另一個寂寞的靈魂。「八月底一天的傍晚，我獨自駕車穿越內布拉斯加州時，心中的感觸就是這樣。」

運用寂寞。寂寞的苦楚使你迫切想要和世界重新連結在一起。拾起那份苦楚，運用它來驅策你更深入表達自己的那股渴望；張開嘴，說說看你是誰，還有你有多麼關心燈光、房間和催眠曲。

57. 藍色口紅和叼在唇邊的一根菸

有時候我們就是一籌莫展，覺得很無聊，對自己、對自己的聲音，以及平常的寫作題材都感到厭倦。就算到咖啡館寫作也無濟於事時，顯然就是該另尋出路的時候了。把頭髮染成綠色，指甲塗成紫色，穿鼻環，女扮男裝或男扮女裝，燙頭髮。

事實上，往往一個小小的道具便能讓你的心另闢天地。當我坐下寫作時，唇邊常叼著一根菸。如果是在一家懸掛有「請勿吸菸」告示的咖啡館中，我就不會點燃那根菸。反正我也不是真的愛抽菸，所以無所謂。那根菸是個道具，幫助我夢想自己走進另一個世界。要是我平常有抽菸習慣的話，這個辦法就行不通了。你需要去做平常不會做的事。

借穿朋友的黑色機車皮夾克，儼然地獄天使般，從咖啡館一端走到另一端，然後坐下寫作。戴頂貝雷帽，套雙室內便鞋並披件睡袍，穿上工作靴、農夫連身工作服、三件頭西裝，用一面美國國旗包裹身子或者戴著一頭的髮捲。在你平常坐下寫作時不會出現的狀態中，坐下來寫作。試試看在大張的畫紙上寫。穿一身白衣，頸上掛個聽診器——什麼都好，只要能讓你從另一個角度來看世界就行了。

58. 回家

「當我在紐約看她的藝展時，想要對她說，畫中少了什麼東西。她需要回到在內布拉斯加州北布雷特的老家，她需要去完成這個圓。」我無意間聽到一位朋友正在告訴另一位朋友。

如果你想要你的作品達到完整，回家是很重要的。你不必搬回去和父母同住、每週領零用金，但是你務必宣示清楚自己的所來處，並深入檢視你的根源。顯揚並擁抱它，或者最起碼的，接受它。

我有位文友的丈夫是義大利後裔，她老是寫他的家族和他們餐桌上的家族談話。我告訴她：「這題材很棒，可是我無法完全信服，除非妳也講講妳的家族。告訴我身為中上階級白人新教徒是什麼滋味，我真的一無所知。」我們往往注意到別人的生活有趣，但自己的卻很乏味。我們失去重心，而且一面倒，因為我們正在尋覓我們以為自己並沒有的東西。我們表現得像餓鬼似的。這不並表示我們只能寫關於自己的事，而是我們應能以寬容大度的心，看看我們自己以外的世界，「我很富有，他們也富有。」

我習禪多年，大約在一年半以前，我越坐禪，就越感覺到自己是個猶太人。我向片桐老師請教，他說：「這事很合理，妳越坐禪，越能成為真正的自己。」我開始感覺到，我對自己的文化傳統一無所知，卻一直自大地不肯正視它。

你從何處來會影響到你的寫作，連語言模式亦會受到影響。我常常不自覺地以希伯來祈禱文和讚美詩的韻律來寫作，運用那種反覆吟誦的手法。雖然我的家人並不算很虔誠，但是在猶太教最神聖的節日【譯註】，當人們一邊禱告一邊搖晃身軀時，我都在場。年幼的孩子是很敏感的，這也就是語言的韻律進入其身體的時候。我曾聽過一種說法，那就是，有些詩人之所以偉大，並不在於他們說了什麼，而在於他們能夠應合某些語言韻律的能力。

你在練習寫作時，常會扣緊某種形式，可能是你每週日在教堂聽到的講道聲、搖滾樂的節拍，或者你參加四健會會員農品展時聽到的主持拍賣聲。你並沒有寫下講道的內容，卻把銘刻在你心版上的那種模式，用你自己的話和感覺寫了出來。那個模式提供你一個表達的途徑，就像插上插頭，通了電一樣。

此外，你的家族和地域也有迷人的說話方式，去了解它，欣賞它。「唷，藍玉米！」一個德州男人看到我的雙肩背包有多重時，脫口而出說了這句話。當我問了一個荒謬可笑的問題時，祖母說：「馬會生橘子嗎？」列出一張你家人所使用的所有表達方式的清單，並把它們寫進你的文章裡。

不過，回家以後可別賴著不走。你回家是為了得到自由，是為了不逃避真正的自己。如果你想逃避什麼，在你的筆下便會顯得一清二楚。比方說，假如性令你不自在，別人都會看出來，因為在你的文字中，不是從來不提性這一回事，活像你筆下的人物角色、動物和昆蟲，全部都是無性的；不然就是走向另一個極端，老是在寫妓女和色情片。你應該走中庸之道，一條讓你感到自在的道路。

我們聽到有人回到了自己的根源，這樣很好，不過別陷在根源裡走不出來。根上還有枝椏、葉子和花朵，全都伸展向無邊無際的天空。我們不可劃地自限。

我在以色列「尋根」時領悟到，我不但是個猶太人，也是個美國人、女性主義者、寫作人、佛教徒。我們是現代紀元的產物，這讓我們的生命豐富，卻也使我們陷於進退兩難的處境。我們並不只有一種身分，我們的根變得越來越難挖掘。雖然根很重要，但也是最容易逃避的事物，因為根裡頭往往埋藏著痛苦——這就是當初我們離開根的原因。

我剛搬到明尼蘇達時，傑出的詩人吉姆．懷特（Jim White）對我說：「不論如何，不要變成區域型作家。」別讓自己墜入坐井觀天的陷阱中。在你描寫艾荷華州的乳牛如何佇立、如何低頭吃草時，請同時也對在俄羅斯、在捷克的乳牛懷抱憐憫心，同情牠們終將死亡，都將面臨被燉煮成菜餚，盛在碗裡或盤中端上桌，餵養地球兩邊的人們。走進你住的地區，但別停下不走，讓它激起你想檢視並仔細看看這世上更多地方的好奇心。

當我開始著手研究猶太教時，我無法只守著虔誠祈禱的教徒。我自覺不能不去正視猶太慘遭大屠殺的痛苦、以色列的歷史，以及我族子民浪跡天涯的整個故事。藉由這個，我生平頭一遭對美國以外的政治運動和人類的奮鬥產生了極大的同理心。只要你能和某一族的人心有戚戚焉，那麼便可能會對所有的人都懷有憐惜的心。在以色列，我感覺到生活是多麼艱難。但不只是猶太人，我也了解到阿拉伯人所承受的苦難。審視我的根，令我得以感受到行走在那塊土地上每個人的痛苦。

所以，回家吧。這樣做並不是為了讓你能誇耀說：「我伯父在二次世界大戰時是個上校呢。」而是為了讓你能夠安靜且清楚地滲進你自己的族群中，並以那裡為起點，去了解所有的族群以及他們所做的奮鬥。

所有的寫作人或多或少都期待為人所知，因而開口發言。這就是一個讓你的讀者更深入你心靈的機會，所以你可以用深刻的見解來說明身為天主教徒、男人、南方人、黑人、女人、同性戀者、人類等，代表著什麼意義，因為，對此你了解得比誰都透徹。了解真正的自己，並從那裡著手寫起，你將增進世人彼此的了解，從而幫助這個世界。

【譯註】High Holy Days，指猶太曆第七個月的第一天至第十天，亦即猶太新年至贖罪日。

59. 故事圈

在道斯時，我曾召集過好幾次說故事活動。我邀請了住在塔爾帕、卡森、深溪和乾溪等山城附近的朋友到我家聚會，大夥兒圍成一圈坐在地板上。你可以聽到隔鄰夏爾家傳來的山羊鈴鐺聲，而我曉得比爾·孟托友又偷偷地把他的綿羊趕到我家花園附近，讓羊兒吃那裡長得特別高的野莧。

我在由大約十個人所圍成的圓圈中央點燃了一根蠟燭，燭光有助於製造魔幻的感覺。接著我向大家說：「好，告訴我你真的很快樂的一次。」在其他次的聚會中，我要求說：「告訴我們你真的很喜歡的一個地方。」或「你真的很沮喪的一次」，或「講講你所知道最不同凡響的故事」，或「你很愛說的故事」，或「講講你所記得的，發生在上星期的某一神奇時刻」。

我們繞著圓圈輪流發言，那些故事讓我們一聽難忘。事隔七年，我仍然記得很清楚。

瑞克：在我兒時紐約州拉奇蒙的老家後院，有一棵高大的榆樹。六歲的我總愛爬到接近一根我最喜歡的枝椏上頭。深秋時分，樹葉都掉光了。我躺在我最愛的那根枝椏上，雙臂環抱著它。我閉上雙眼，風徐徐吹著，那根粗實的枝椏隨風搖晃，我也跟著一起搖晃。我永遠也不會忘記愛上那棵樹的感覺。

拉克倫：有一年夏季，我在奧勒岡州當森林巡山員四個月。那整段期間，我都孤獨一人，那個夏天我難得穿上一件衣服，因爲反正周遭一個人也沒有。我置身森林深處。夏天快過完時，我渾身肌膚黝黑，而且非常沉著平靜。八月下旬的某一天，我蹲下身子，邊採漿果邊吃。突然間，我感覺到有什麼正在舔舐我的肩膀。於是，我慢慢轉過頭，有一隻鹿正在舔我背上的汗珠！我一動也不動。然後鹿兒走到我身旁，我們一起靜靜地吃著灌木上的漿果。我好驚異，竟有動物如此信賴我！

約瑟夫：這個故事和我並沒有直接關聯，而是我室友的一位朋友的故事。我暫且稱他爲比爾。比爾是個法國人，有點古怪，精神絕對不是很平衡。他在紐約的工作和海豚有關，他眞的很愛海豚。大家都叫他科學家。那時剛出現LSD不久，我們都稱之爲迷幻藥。我們當中有些人在嘗試那種藥物，但很小心，都選科學家不在的時候才嗑藥，因爲我們害怕一旦他嗑了藥，情況會眞的失控。

結果，有一回他嗑了一點，我不知道他是打哪兒弄來的，總而言之，他的確嗑了些藥。我們大夥兒都想：「慘了！」不過我們還是盡量不緊張。那時天色已晚，他披上他的外套，離開公寓步行到他工作的地方，走進去，而後佇立凝望池裡的海豚。他發誓說，雌海豚開始變得越來越像瑪麗蓮．夢露；胸脯變大，唇上抹了口紅，並且頻送秋波，示意叫他也下到池子裡去。他說他把衣服脫個精光，潛進池中，和她翻雲覆雨一番。他發誓眞的有這回事。我們聽了之後面面相覷，我的朋友，也就是他的室友，不久之後便搬家了。

我想這件事說不定是眞的，因爲過了幾年，我在加州的威尼斯海灘和一票朋友同住。當時我們天天喀藥，那是一九六〇年代中期，我們用各種迷幻的螢光色裝飾整間屋子：浴室漆成酪梨綠，裡頭還擺了魚缸，養了兩條金魚。有一天我喀了藥以後，步向海灘；然後回到屋裡，走進浴室，呆呆看著金魚。其中一條突然變成碧姬．芭杜。說時遲那時快，我一手伸進魚缸，捏住魚尾，想也沒想，一口便把魚吞下肚！我嚇了一大跳。

布雷特：我到伊利諾州的坎卡基看我的祖母克蘿依，她當時八十二歲，我們已有四年沒見面。我很喜歡她，去看她著實讓我很興奮。我想給她個意外的驚喜。我從當時定居的明尼蘇達州一路搭便車去。當抵達她位在當肯甜圈圈店對面的房子時，她正在後院彎著身子看紅色的金魚草。我大喊：「克蘿依！」她轉過身來，說：「哦，布雷特，過來一下，給你看一樣東西。」我走過去，她按壓著一葉金魚草，好讓我瞧瞧那模樣看起來有多像兔寶寶。接著她牽起我的手，領著我走向她所種的兩棵桃樹，「我要用這樹上長的桃子做果醬。」「克蘿依，你有四年沒見過我欸。」她伸出手，從樹上摘下一顆桃子，舉得高高的，好讓我看個仔細。「我曉得，親愛的，我很想念你。」然後我們走進屋子裡，她讓我吃了她拿手的小麵餃，並對我說起鄰居、我的父親，還有她有多盼望他能夠上教堂去。那副閒話家常的模樣，好像我壓根兒都沒離開過。

這四則故事讓我記憶猶新。我們的故事是很重要的，不妨召集幾朋友圍個圈圈說故事。必須要準備的，就只有一根蠟燭，無需以麻醉品或酒精助興。一旦講起故事，你便會聽得如醉如癡，讓你別無所求。稍後當你獨處時，寫下你自己的故事。首先需以你手寫你口，文字口語化，不求華麗，這將有助於你有個順利的開始。

60. 寫作馬拉松

為期八週的寫作研習會，每週聚會一次，一次兩小時。通常在最後一次聚會時，我們會舉行四小時的寫作馬拉松。不過，要舉行馬拉松，不見得非得參加寫作研習不可。我就曾只和另外一個人寫了一整天。過程是這樣的：每位成員皆同意從頭到尾全程參與，接著我們擬出時間表，比方說，一個十分鐘的寫作時段，接著另一個十分鐘的時段，然後是一個十五分鐘的時段，以及兩個廿分鐘的時段，最後一口氣寫半小時，馬拉松宣告終止。第一個時段展開後，大家都埋首寫上十分鐘，然後在房裡走來走去，並且朗讀方才所寫的東西，可是誰都不作評論。如果成員人數太多，會佔掉太多時間。所以我們會分批輪流朗讀，不是每個時段結束後都讀，而是每隔一個時段朗讀一次。一有人朗讀完畢，自然會有片刻的停頓，不過我們並不會說「寫得很好」，或甚至「我知道你的意思」。沒有優劣之分，沒有讚美或苛責。我們朗讀剛剛寫出的稿子，接著由下一個人朗讀。有人要是不想讀，或者不願意在一次馬拉松裡朗讀兩次，這些都是被允許的，當然要有這個彈性，要是有人想要多朗讀或少朗讀也可以。寫稿，朗讀；再寫，再讀；通常你會停止東想西想，變得越來越不自覺。每個人都在同一條船上，而且因為沒有人會在旁批評議論，你會覺得越能自由自在、隨心所欲地寫。

過了一會兒，你的聲音開始會有種脫離肉體的感覺；你不能肯定究竟是你說了某段話，還是房裡另一個人說了這段話。由於沒有人提出評論，如果你想回應某人寫的東西，你可以在下一個寫作時段提筆向此人致意：「貝芙，我知道你的意思。我的父母也會在晚飯吃到一半時，在廚房的燈下開始吵嘴。地板上鋪著綠色的油氈。」不批評別人的文章能讓我們產生一種想要發言的健康欲望。你可以在下一回的寫作時段中，盡情地渲洩那股能量。寫、讀、寫、讀，這是一種讓你得以不受內部檢查干擾的絕佳方式，讓你享有寬闊的空間寫出你心裡的話。

我們也在房間中央擺了一個盒子，大家把想到的寫作題目寫在紙條上，折起來放進盒中。每一回寫作時段展開時，有人會抽出一張紙條，唸出上面所寫的題目。你不見得一定要寫這個題目，不過要是你沒有靈感，便可從這裡著手來寫。你會很訝異，一旦你進入那種自動狀態，你什麼題目都能寫。或者，你可以以這個題目為起跳點，讓你的手開始揮動。「『游泳』，我泳技高超，而且很有自信。現在我真正想寫的是，有朝一日我終將變成一抹白光……」或者你可能以為自己對游泳沒啥好說的，可是開始寫了以後，你卻想起了小時候在電影院裡，坐在爸爸身旁，爆玉米花的奶油從你的小手上滴落。當時你是多麼崇拜伊漱．惠蓮絲啊！【譯註】

人們頭一回參加馬拉松時都很緊張，害怕自己沒什麼好寫，或寫不了那麼久。結束時，他們都很訝異時間竟過得如此飛快——「我可以寫上一整天！」有一次，我在明尼蘇達大學教為期一週的寫作班。第一天早上，我請十二位學生試試看馬拉松寫作。一開始，他們老大不情願，並對我冷嘲熱諷。馬拉松結束以後，一位男士插嘴說：「我們先吃午餐，下午再來馬拉松寫作吧。」那一整個星期我們都沒有做其他事。有幾個回合，我們試著從晚上十點開始，寫到凌晨一點，或從早上七點寫到中午。

在那個星期當中，有人從題目盒裡抽到「你的第一次性經驗」。有位女士自此在剩下來的幾天裡沒寫過其他題材。她寫她第一次的性經驗，還有第二、第三次……等等。我相信這會兒她仍坐在明尼蘇達州丘市的彩虹酒館裡寫她的第七〇八次性經驗。幾位高中生正在她附近打撞球，而她不斷地點百事可樂，以便繼續佔有酒館裡的那個雅座。她並不清楚此刻是日還是夜，手不停地在紙上移動。無疑地，她現在隨時可能悟道，而我們會納悶：「她還會不會回來呢？她還會不會回來……」

馬拉松是非常開放的經驗。剛做完一次馬拉松寫作時，可能會有種赤裸裸、失去控制的感覺。我有時會覺得有點生氣，可是我沒有理由生氣。那好像是你自我防衛的肚子被炸開了一個大洞，突然間，你赤條條地站在那裡，暴露真我的本色。完成馬拉松後，你試著和另一位馬拉松選手做正常的交談，談談天氣或是當個寫作人有多麼好，但是你心裡卻感到好沒面子。放心，這個階段一定會過去，你會恢復全身的防備，又變得頑固刁鑽。

馬拉松結束之後，必須獨處至少半小時，這一點很重要。做些勞力、具體的事情會大有幫助。馬拉松寫作以後，我會突然變得很愛洗碗盤，或者在我原本打算種草的地方，瘋狂地臨時栽種了十二排豆子。就在上週，我家舉行了一次寫作馬拉松，最後一位學員還沒走，我便抬出了真空吸塵器，吸起客廳裡大夥兒不久前才坐在上頭的地毯。

馬拉松之後的那種赤裸裸感受，和我在坐禪之後的感覺如出一轍。打完禪七後，我們會最後一次禮敬菩薩，並和其他學禪的學生彼此鞠躬致意；接下來，我們通常會到另一個房間用些茶水、點心。經過長時間的靜默獨處，我們終於可以彼此交談。我老是有種感覺，即巴不得把蛋糕上的奶油塗在自己的臉上，好讓別人看不見我。有一回我剛坐禪結束，來訪的一位好友坐在我家的門廊上對我說：「妳知道嗎，我覺得我好像坐在畢卡索筆下的立體派女人畫像旁邊，妳所有的面向正在同時閃閃發光。」

當我獨自寫作數小時後，也會出現這種感覺。別擔心。我們不習慣如此坦白開放，但這沒什麼大不了，接受它吧，處於開放的狀態是很美好的。

【譯註】伊漱・惠蓮絲（Esther Williams），一九四〇、五〇年代好萊塢女星，多半演游泳愛情片，作品以《出水芙蓉》最爲膾炙人口。

61.承認你寫的東西

帶寫作班時，我不時會經歷到一種奇特的現象；有人會寫出不世出的傑作，卻絲毫不覺自己寫出好作品。不管我有多麼讚不絕口，班上其他人也都給予正面的迴響，可作者偏偏就是無法明白那的確是篇傑作。他並不會否定那篇東西，但他就是不知所措地坐在那裡。稍後，經由謠傳，我聽說他壓根兒也不相信自己聽到的話。多年來我一直觀察到這種情形，並不只有一個寫作班出現過這麼一位飽受壓抑、缺乏安全感的人物；這個人尚未醒覺，看不出自己寫出佳作。

每個人內心深處都有深具自信的寫作聲音，我們卻往往無法連接上這個聲音，即使連接上了，也寫出了佳作，卻不加以承認。我的意思並不是說人人都是莎士比亞，而是說人人都擁有真實的聲音，這聲音可以以真正的尊嚴與細節，詳盡表達出他或她的生活面貌。在我們所能達到的偉大境界和我們的自我認知之間，似乎有著一段落差，因此，多看看自己的作品吧。

我頭一回深刻覺察到這一點，是六年前在明尼蘇達禪學中心義務教導八週寫作班的時候。我們都用單純又孩子氣的口吻描寫我們的家庭——那是一項作業。我們有十五分鐘的寫作時間，班上連我一共有十二個人。時間截止時，我們四處走動，每人都朗讀出自己剛寫的東西。我是最後一個朗讀的人。我朗讀的那一段，後來用打字機謄寫出來，題目定為「緩見世界轉動」。文中講到我的祖母喝水，養兒育女，而後孑然一身地離開人世，連襪子、臘腸或鹽都沒有。我朗讀完畢後，現場靜默良久。

身為教師的我所說的每句話，最終目的都是要教導人們信賴自己的聲音，並從那裡寫起。我嘗試用各種不同的角度和技巧。一旦學生有所突破，我所能做的，不過就是錦上添花罷了。學生已各有所成，我但覺心靈平靜又幸福；寫作班上每位學生皆已突破抗拒心態，寫出情感真摯又深刻的作品，我已不需多言了。

霎時間，我環顧教室，每個人也一臉好奇地看著我，等著進行下一個習作。

我驚訝極了，發現沒有一個學生覺察到他們剛才寫出了佳作。「你們誰也不曉得，就在剛剛，你們寫出了非常生動的文章，我說得對吧？」他們只是楞楞地看著我。

不單只是入門班的學生會這樣，我這會兒就想到兩個例子。有位女性詩人，她很優秀，也很受人喜愛，我稱她為明尼蘇達甜心。她寫自己的生活、她的牧師父親、她的七個兒子、早餐的情景。她最後一次舉行朗讀會時，不但座無虛席，連站票都銷售一空。她告訴我，朗讀會結束以後，她回到家，心情非常沮喪，因為大家都那麼喜歡她的詩，她說：「我又用我的作品愚弄了一群人。」

另一個例子是我週日晚上寫作聚會的一位作家成員。她是位小說家，也擔任一本城市雜誌的助理編輯，並寫過兩本很叫好的劇作，其中一本被明尼亞波利斯論壇報選為「劇評人選書」。在定時寫作時段中，她寫了好幾篇傑出的文章。我篤定地以為，她一定知道這些文章有多優秀，她畢竟是個經驗豐富的作家呀。一個月後，我和她碰面共進早餐，並針對她其中一篇文章提出意見。聽到我說那篇文章寫得好，她滿臉訝異。（光是好一字，尚不足以形容該文有多好。）對於她自己竟然不曉得，我也很意外。她在專業上所寫的東西，統統和她自己以及她的生活經驗無關。她說：「這種寫作講的完全是你自己。」因此她看不見文章的好。

片桐老師有一次對我說：「我們都是佛，我看得出妳是佛，但妳並不相信我。等妳看到自己是佛，就會醒覺了。那便是悟道。」我們很難去理解並珍視自己的生活，卻能比較輕易地看到自身以外的事物。在承認自己寫出佳作的過程中，我們會慢慢消除存在於我們的真實本性與看出真實本性的意識能力之間的盲目落差。我們學會接納自己正是當下那個具有創造力的好人。偶爾，過了一段時間後我們會看出這一點：「哦，我那個時候還不錯。」可是那已是往事，我們落後了一步。

我的意思並不是要大家自我吹噓，而是說，我們應該認清我們的內在是很美好的，應該散發我們的美好，並在我們的外在創造出美好的事物。內在的豐美，亦即自我意念與作品一旦連結，便可帶來大多數藝術家夢寐以求的寧靜與信心。事情並非「這個作品很爛，所以我們很爛」，或「這個作品很好，但我們很爛」，或「這個作品很爛，但我們很好」，而是「我們很好，因此我們有能力掙脫抗拒的心理，從而發光發熱，寫出佳作，並承認那的確是我們自己的作品。」這世界承認它好，哪有我們自己承認它好來得重要。這是最要緊的一步，如此我們才會感到滿足。我們很好，當我們寫出好作品時，那是件好事。我們應當加以認可，並挺身擁護我們的作品。

62.信任自己

週二的課堂上，我們討論某人的兩頁日記。老實說，就是我的日記，我日記裡的其中兩頁。我選擇這兩頁，是因為數月前我從中摘錄了一首詩，不是多麼了不起的詩作，而是一首寧靜的詩。要找出這一類詩作可不容易，它們是你筆記本中細微的哼唱聲，可以領你到另一個世界。一週前，我影印了這兩頁日記分發給學生，請他們從中找出那首詩。要是覺得裡頭什麼也沒有，他們也儘可大方地告訴我：「娜妲莉，這裡頭全是垃圾嘛。」

有五、六位學生自願找詩，結果找到了至少四種版本的詩；有些詩包含了日記一開頭的前半段，有些包含了中段，甚至有位學生挑中了不小心影印上去的一些疊印的作品。其中有一行是每個人都選中的：「你不論走到何方，都是新墨西哥的山丘。」每一版本詩作的音韻都蠻好的，但包括我自己選的那首在內，並無哪首是不世出的傑作。

把一件作品交給一百個人，很可能會得到一百個不同的意見，不見得有天壤之別，可是還是很不一樣。你和自己之間的深刻關係之所以非常重要，原因即在於此。你應該聽聽別人的看法，而且要聽進去，（別在自己四周圍起銅牆鐵壁。）然後做出自己的決定。那是你的詩，你的聲音，沒有什麼非黑即白、清晰明確的規則；那是你與自己的關係：你到底想要說什麼？你想怎麼暴露自己？在作品中赤裸裸地呈現自己，不啻放鬆控制，這是件好事。反正我們也不在掌控之中，別人見到了你的真實本色。有時，我們還不了解自己做了什麼，便已暴露了自己。這種感覺很不舒服，可是把整個人凍結起來，絲毫也不肯暴露，卻讓人更加痛苦。

時間最能檢驗作品，要是你對某件作品沒有把握，就暫且擱置一旁一段時間，六個月以後再重看，屆時想法會比較清楚。你可能會發覺，有些詩你喜歡得不得了，別人卻覺得不怎麼樣。我有首關於窗戶的詩，凡是聽到的人都斷然表示爛透了，我卻認為那是首很棒的詩。哪天我得了諾貝爾獎，要發表得獎演說時，一定要好好地獻獻寶，滿足一下。

即使六個月後你回頭重讀時，發現那件原本不大有把握的作品簡直差勁極了，也別擔心。你的堆肥中優秀的那一部分已經分解了，將會生出美好的事物，請保持耐心。

63. 日本武士

昨晚在週日寫作班上，我開始教授寫作與我們自身帶有的日本武士成份。我領悟到，我在課堂上總是很會鼓勵人，表現得很積極，那是因為我們全都置身於創作空間裡。我的鼓勵是真誠的，是從那個寬容又開放的創作領域中油然而生的。你寫出的每篇文章都很好，有時還不只是很好而已；它充分燃燒，使初起的意念綻放出璀璨的光輝。學生有時會說：「你不夠吹毛求疵，我不相信你。」他們不明白我們坐在不同的池子裡；我置身於創作的池中，他們則忙著攪亂池水，把創作者和編輯角色混在一起，還想把我也拉進那場混戰之中。我可不想去，那裡太可怕了。

不過，昨晚我們開始和日本武士一起工作了。湯姆帶來了一篇差不多完成的作品，影印分發給大家看。首先，我們找尋文章的能量在哪裡。主要在第三段。威廉．卡羅斯．威廉斯曾對艾倫．金斯堡說：「如果詩中只有一行具有能量，就把其他的統統刪去，只留下那一行。」那一行便是詩。詩傳播生命、負載活力，每一行皆應生動有力。保留文章中帶有能量的部分，其他的一律捨棄。

我們在課堂上繞著第三段打轉了一會兒。並不很久，大概三分鐘，這樣便已足夠。第三段有能量，可是不夠火熱，我曉得湯姆還可以再熱上一倍有餘。我對湯姆說：「是的，第三段有能量，可供玩賞一會兒。它大概能幫助你在堆肥裡為未來栽下一粒種籽。不過，幾星期後你回頭再看這篇東西時，會看到它並未充分燃燒。我們花在這一段的時間已經夠多了，該看看別的了。」（新加入寫作班的）雪莉插嘴說：「等一等，日本武士是什麼玩意啊？」湯姆轉身向她脫口答道：「就是痛下毒手！」

因此，當你來到日本武士的天地，人就得變得強悍一點。不是要你變得殘酷無情，而是要有面對真相的強悍作風。真相到頭來並不會害人；真相使得這世界變得更清楚分明，詩句更光華耀目。我也曾在寫作班上討論惡劣的詩作，花廿分鐘痛加批評。這太荒唐了，根本是浪費時間，好像拚命打一匹死馬，再叫牠上路奔跑。你大可放心，寫出爛詩的那個人還會寫其他詩，不必以為要是你不努力從眼前的那首爛詩裡擠出一點東西，作者就再也不會提筆了。

你大可拿出勇氣，保持誠實，「其中有些地方的確蠻不錯的，可是猶嫌不足。」然後繼續討論別的。樂於放手是很好的過程，艾倫・金斯堡還就讀於哥倫比亞大學時，有一回去見他的教授文評家馬克・范多倫（Mark Van Doren），說道：「你為什麼不再寫文評了呢？」他的答覆是：「幹嘛花時間去談論你不喜歡的東西？」

我們在寫作時，有時會浮出心靈迷霧之上，看得份外透徹清楚。不過我們能量充沛、活力洋溢時寫出的作品，不見得篇篇都是佳作。事情並非如此，這僅只是表示我們醒了，就好像週六晚上在派對上喝了太多酒，週日早上醒過來一樣；眼睛雖然睜開了，可是人還迷迷糊糊的。曉得我們寫的東西哪裡生動、哪裡清醒固然是好，然而最後能變成一首詩或一篇散文的，卻是我們在寫作時充分燃燒、放出光芒的地方。任誰都能聽得出差異在哪裡：出自源頭、出自初始意念的東西能夠喚醒並激發每個人的活力。我曾在寫作班上看到多次這樣的情況，一旦有人朗讀熱力充沛的作品，人人都激動了起來。

請樂於誠實面對自己的作品，要是某篇作品寫得不錯，那最好；要是寫得不好，也別痛打死馬，繼續寫下去就是了，會有別的東西出現。世上的劣作已經夠多了，只要能寫出一行佳句，你便會享有鼎鼎大名；寫一大堆溫溫吞吞、不冷不熱的玩意兒，只會令人昏昏欲睡。

64. 重讀與重寫

寫完一個作品之後，最好稍等一段時間再重新閱讀，時間能讓你得以保持距離，客觀地看自己的作品。當一整本筆記已被習作填滿了以後（說不定花了你一個月的時間），坐下來，把筆記當成是別人的，整個重看一遍。懷著好奇的態度：「這個人有哪些話不吐不快？」舒舒服服地坐定，好像正預備要讀一本好小說；逐頁閱讀，就算當你在寫作當時，覺得文字似乎挺枯燥的，這會兒你將可體察出作品的肌理和節奏。

我每一回重讀自己的筆記本時，毫無例外地，一定會因而提醒自己是個有感覺、能想、能看的生命。這會讓我重新大大地肯定自己，因為寫作有時像是件一無是處的事，只是在浪費時間。突然之間，你會坐在自己的椅子上，為自己的塵俗生活心馳神迷。藝術偉大的價值便在這裡——化平凡為不凡。我們喚醒了自己，覺察到我們正在體驗的生活。

重讀整本筆記還有另一個好處：你可以看出自己心智活動的痕跡。注意看你原可更深入探討，卻基於懶惰或逃避心理而縮手不前；看看你在哪些地方真的枯燥乏味；哪些時候光是一味地發牢騷，反而讓你更深陷泥淖。「我痛恨我的生活，我覺得自己好醜，真希望我能有錢一點……」等你讀夠自己的牢騷，便能學會在寫作時迅速轉移話題，而不會在牢騷的迷宮中徘徊太久。

在做寫作練習時，你經常弄不清楚自己寫的東西是優是劣。我有時候會在自己的筆記本中，發現幾首我根本不曉得自己寫過的詩。我們的意識心靈並不是時時刻刻都在控制當中。很可能某一天我主觀上覺得寫得很煩，卻說不定寫出了一首好詩而不自知，直到一個月後重讀作品時才發覺。

記得有一次我在書房寫作時，覺得好安寧、好幸福。我不斷問自己：「妳怎麼這麼開心呀？妳一整天都沒寫出什麼好作品。」事隔四天，我在教寫作班時，有位學生向我挑釁，要我證明我在筆記本裡也「寫了一大堆垃圾」。我暗忖：

「那簡單，就用那天在書房寫的東西來做證明。」我翻開那一天寫的東西，並開始朗讀。大出我意料之外，那是篇感人的文章，慨嘆時光的流逝，並一一細數從我生命中消失的人，有的遷徙他鄉，有的已經過世。我讀著讀著，我的聲音真正地打開了，我好不驚訝。

那天在書房裡，我的意識心靈感到挫折，根本不曉得自己寫的東西是好是壞。可是在那些有如嗡嗡亂飛的蚊子般，散漫又吹毛求疵的思緒底下，我的手卻忙不迭地紀錄初始的意念，寫下一篇很有臨場感的文章。這種事是可能發生的，我們的某一部分可以一邊走過嗡嗡蚊群，一邊碰觸到內心深處清澈的地方；我們可以忽視內在那個愛批評的人消極又喋喋不休的閒談聲，不停地在紙上移動我們的手；我們的意識心靈忙著應付蚊群，因此無法時刻保持覺察，發覺我們其實正在寫一篇佳作。不過那天在書房裡，有某樣東西覺察到了這一點，因為我從頭到尾都在哼著小曲。這不無像是個為人母者，老是批評自己不是個好媽媽，可你看到她的孩子卻個個快樂又漂亮。她是個好母親。只是在這件事情上，這位母親（你那散漫的思緒）和優秀的孩子（你寫的文章）都存在你體內，同時在工作。

穿透所有的散漫思緒，繼續不斷地寫就是一種練習。一個月後，當你重讀筆記本時，你有意識地發覺了那篇佳作。就在這一刻，你無意識和有意識的自己相遇，認出對方，並結合為一體。這就是藝術。

重讀作品時，把筆記本中寫得好的地方，整段整段地圈出來。在一頁當中，這樣的段落通常格外出色，十分搶眼，可當成未來寫作時的起點，也說不定已經是一首完整的詩了。試著用打字機把它們謄寫出來，白紙黑字可以讓人分辨清楚這東西寫得好不好。只刪除你沒有用心在寫、含糊不清的部分，其他保留。一個字也別改，因為在這項練習中，你正在拓深相信自己聲音的能力。寫作時只要用心，真的寫在當下，那麼寫出的東西便是完整的。我們大可不必在這會兒驅使自我去操縱那些文字，好讓它們看來優美一點，或者呈現出我們想要它們呈現的樣子：完美、快活、完全沒有問題。這是赤裸裸的寫作，是一個機會，讓我們得以審視自己，顯露自己的真實面貌，並且在不試圖操縱、沒有侵略性的情況下，接納我們自己。「我不快樂」——別企圖掩蓋這個聲明，如果那就是你的感想，不要作任何判斷，接受它就是了。

當然，也應該有編輯和校訂的空間。不過，當我們一聽到編輯二字，便會想：「好，我已經放縱我內在的創作者了，這會兒我要回到恰如其分、循規蹈矩、理性的心態，終於要讓一切恢復秩序。」我們從而引出了一位身穿斜紋毛呢套裝的男士或女士，此人出身美國東岸，擁有文學博士頭銜，對一切都看不順眼。別這麼做。這位穿著斜紋毛呢套裝的人士只不過是自我的另一個分身，他正無所不用其極，設法取得控制。你寫出的作品容不下這個自我任所欲為，吹毛求疵，意圖操縱一切。反之，你在重讀自己的作品時，應該搖身一變為日本武士，一位凡遇非屬當下的事物，即勇於出手鏟除的偉大戰士；就像一位心靈清淨、乾淨俐落的日本武士，不感情用事，用澄澈且洞悉的心靈來閱讀。不過，挑三揀四、橫加干擾，原是人之常情，因此讓你的自我有事情可做；讓它替你打字、在信封上寫地址、舔郵票，反正別讓它管你寫作就對了。

把校稿當成「重新發想」，如果作品中有含糊不清或曖昧不明的地方，只要再次想想你原有的印象，並加進細節，就會讓作品更貼近你心底的想法。不妨坐下來，進行定時寫作，並且在原始的版本以外，就某一題材再寫第二、第三、第四遍。比方說你正在寫猶太風味燻牛肉，第一遍定時寫作出來的成果還不錯，可是你曉得對於這個題材，你還有更多話要說。在接下來的一天、兩天、一週期間，就以燻牛肉為題再多做幾次定時寫作。別擔心自己有所重複，把幾次的作品統統重讀一遍，自各篇中摘取精華段落，將之組合在一起。這就像在做剪貼工作，把幾回定時寫作的精采部分剪下，貼成一篇文章。

因此，即使在校正舊稿的過程中，你也利用到定時寫作的方法和規則。這有助於你重新投入以前所寫的作品裡。試著和初始的意念再次產生連結，這遠勝於站在蚊群中，設法在蚊子吸血以前，拍打你那堆散漫雜亂的思緒。這種校稿方法有效率多了，而且即使在重寫舊稿時，也能避開自我的干擾。不論是寫短篇小說、隨筆散文或長篇小說的章節，都可採用此一方法來校訂重寫。有位剛寫完一本小說的朋友說，當她必須重寫某一章時，她會自言自語：「好，這一章需要這些要素，而且應該在雜貨店開場，在墳墓收場。先寫一個小時再說吧。」她在一定時間內重寫的章節中，凡有精采的部分都會被加進原始的版本中，好讓那一章的內容更豐富精緻。

往往你一頁又一頁翻閱自己的筆記本時，說不定只找得到一兩行或三行佳句。別洩氣，別忘了足球隊花很多的時間練球，僅只為了參加寥寥數次的比賽。在那幾行底下劃線，把它們列進你的寫作題目表裡，當你坐下做寫作練習時，可以抓下其中一行，從這裡著手寫起。劃線作記號也能提醒你注意到它們，而你常常會毫無意識地就將它們派上用場。所有這些截然不同的部分突然湊在一起，結果將令你又驚又喜。

65. 我不想死

鈴木老師創立舊金山禪學中心，著有《禪心，初始之心》，我曾聽聞他是位禪學大師。他於一九七一年溘然長逝。我們往往以為，禪師在臨終前，會講些很引人深思的話，比方「哎呀，銀色！」、「記得醒來」，或是「生命是持續不斷的」，畢竟他們即將達到「大空」之境。鈴木老師臨終前，老友片桐老師去看他。片桐站在床邊，鈴木抬起頭來說：「我不想死。」就這麼簡單，他一秉本色，率直說出當時的感覺。片桐向他鞠躬：「感謝你這麼努力。」

片桐老師曾說，當一個有靈性的人站在偉大的藝術品前面，會感到心境祥和；藝術家看到傑作時，則會受到鼓舞，也想創造出另一件傑作。藝術家流露出生命力，有靈性的人則散放祥和之氣。然而，片桐老師表示，在這個有靈性之人的祥和氣背後，則洋溢著無窮的活力和自發精神，也就是那當下的行動。藝術家雖傳達了生命力，可是在這生命力背後，也務須觸及寧靜祥和之氣，否則，藝術家將會引火自焚。可惜的是，我們看到太多藝術家沈迷酒精、自殺和精神疾病的引火自焚案例。

所以，當我們忙於寫作時，我們急於表達的所有那些燃燒發光的生命，都應當來自一個祥和的所在。這將對我們有所幫助，使我們不至於在一個故事的中央激動地跳來蹦去，卻始終無法回到書桌前完成這個故事。在我們大去之前的那一刻，心底有某個地方當明白，應該簡簡單單地道出我們的感想──「我不想死。」用不著憤怒、自責或自憐，而要接受真實的自己。一旦我們能在寫作中達到那個境界，便可碰觸到促使我們勤寫不輟的某樣事物。儘管我們寧可置身在西藏的高山中，而不想待在紐澤西州紐華克的書桌前；儘管死神正在我們身後嚎叫，而生命在我們眼前翻轉不休，我們都能提筆便寫，開始去寫我們不能不講的話。

66. 結語

週日晚上十一點，我打完了最後一個字，我對自己講：「小娜呀，妳知道嗎？我想這本書已經完成了。」我站起身，覺得很憤怒，覺得自己被利用了。（「被繆思女神利用了。」我的朋友米麗安後來這樣說道。）突然之間，我弄不清楚這本書和什麼有關；它和我的生活一點關係也沒有，它又不能在第二天早上替我找個愛人或幫我刷牙。我洗了澡，爬出浴缸，穿上衣服，在深夜裡獨自出門，走到聖塔菲鬧區街頭的孤狼咖啡館。我點了杯白葡萄酒和兩球太妃糖冰淇淋。我環視眾人，沒開口，臉上始終帶著微笑：「我完成了一本書，說不定不久之後，我又是個人類了。」我懷著輕鬆又快活的心情回家。第二天早上我哭了，到了下午，心情又變得好極了。

週二，我在寫作班上說：「我花了一年半寫這本書，其中至少有一半章節是第一次就整個完成。最大的掙扎並不是在真正提筆寫的時候，而是得努力克服既怕成功又怕失敗的恐懼心理。最後終於燃燒殆盡，只留下純粹的行動。」在最後一個半月中，我一週寫作七天，一章寫完立刻進行下一章，就是這麼簡單。至於我身體裡面吶喊著要吃冰淇淋、要找朋友、要作白日夢的那些部分，我一律置之不理。

任何事情，只要投入全副心力，便是一趟孤獨的旅程。不管你的朋友有多麼為你高興，有多麼支持你，你都不能巴望有人會和你有同樣激動的情緒，或充分了解你所經歷的種種情況。這並不是酸葡萄心理，當你寫作一本書時，你真的是孤零零一個人。接受這種狀況，接納別人給你的愛和支持，可是對那該是哪種愛和支持，別心存指望。

明白這一點是很重要的。我們都以為成功能帶來快樂，可是成功也可能帶來寂寞、孤立和失望。成功可能帶來任何東西，這句話有其道理。給自己空間，想怎麼感覺便怎麼感覺，可是不要覺得自己不應該擁有各式各樣的情緒。片桐老師有一回對我說：「要是他們想替你出書，固然很好，可是別太在意，這會讓妳沖昏了頭。只管繼續寫就是了。」兩天前，我對我父親講：「我想要從帝國大廈上面跳下去。」他說：「妳非得選那麼高的大樓不可嗎？」我告訴自己：「娜妲莉，這本書寫完了，妳將著手寫另外一本。」

原註

1. William Carlos Williams, *The Collected Earlier Poems* (New York:New Directions, 1938).
2. Ernst Hemingway, *A Moveable Feast* (New York:Charles Scribner's Sons, 1964).
3. Cesar Vallejo, "Black Stone Lying on a White Stone," in *Neruda and Vallejo*, ed. Robert Bly (Bostɔn:Beacon Press, 1971).
4. Williams, *The Collected Earlier Poems*.
5. Marisha Chamberlain, ed., *Shout, Applaud* (St. Paul, Minn.:COMPAS, 1976).
6. Russell Edson, *With Sincerest Regrets* (Providence, R.I.:Buming Deck, 1980). Reprinted by permission of the publisher.
7. Williams, "Daisy," in *The Collected Earlier Poems*.
8. William Blake, "The Auguries of Innocencc," in *The Norton Anthology of Poetry*

(New York:W. W. Norton, 1970).

9. Interview with Allen Ginsberg and Robert Duncan, *Allen Verbatim,* ed. Gordon Ball (New York:McGraw-Hill, 1974).

10. Both from Carolyn Forché, "Dawn on the Harpeth," unpublished poem given to the author. Printed with permission.

11. Richard Hugo, "Time to Remember Sangster," in *What Thou Lovest Well, Remains American* (New York:W. W. Norton, 1975).

12. Richard Hugo, "Why I Think of Dumar Sadly," in *What Thou Lovest Well, Remains American.*

13. From Kate Green, "Journal: July 16, 1981," in *If the World Is Running Out* (Minnesota: Holy Cow! Press, 1983). Reprinted by permission of the author and the publisher.

14. From Anne Sexton, "Angel of Beach Houses and Picnics," in *The Book of Folly* (Boston: Houghton Mifflin, 1972).

15. Poems by Shiki and Issa from *Haiku: Eastern Culture,* vol. 1, trans. R. H. Blyth (Tokyo: Hokuseido Press, 1981). Poems by Basho and Buson from *Haiku: Spring,* vol. 2, trans. R. H. Blyth (Tokyo: Hokuseido Press, 1981).

〔附錄〕

延伸閱讀

*《Old Friend from Far Away: How to Write a Memoir》（CD）（2002），Natalie Goldberg，Sounds True。

*《Thunder and Lightning: Cracking Open the Writer's Craft》（2001），Natalie Goldberg，Bantam Doubleday Dell Publication。

*《Living Color: A Writer Paints Her World》（1997），Natalie Goldberg，Bantam Books。

*《Long Quiet Highway: Waking Up in America》（1994），Natalie Goldberg，Bantam Doubleday Dell Publication。

*《Wild Mind: Living the Writer's Life》（1990），Natalie Goldberg ，Bantam Books。

*《史蒂芬・金談寫作》（2002），史蒂芬・金（Stephen King），台北：商周。

*《流動的饗宴——海明威巴黎回憶錄》（1999），海明威(Erneat Hemingway)，台北：九歌。

*《潛能尋寶遊戲》（1998），卡麥隆（Julia Cameron），台北：方智。

*《寫作人生的況味》（1998），艾博特（Susan Wittig Albert），台北：圓智文化。

*《靈彩之旅——開啟直觀性靈的創作新境域》（1996），蜜雪兒・凱梭(Michell Cassou)、史都華・克伯里(Stewart Cubley)，台北：遠流。

*《給下一輪太平盛世的備忘錄》（1996），伊塔羅・卡爾維諾(Italo Calvino)，台北：時報。

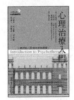

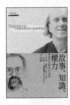

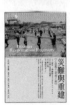

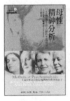

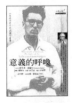

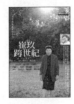

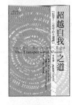

終於學會愛自己
【一位婚姻專家的離婚手記】
作者—王瑞琪　定價—250元

知名的婚姻諮商專家王瑞琪，藉由忠實記錄自己的失婚經驗，讓有同樣經歷的讀者，能藉由她的故事，得到經驗的分享與共鳴。

以畫療傷
【一位藝術家的憂鬱之旅】
作者—盛正德　定價—300元

……此刻我把繪畫當成一條救贖之道、一段自我的療程，藉著塗抹的過程，畫出眞實或想像的心裡傷痕，所有壓抑也靠著畫筆渲洩出來。我藉由繪畫來延續隨時會斷裂的生命與靈魂、來找到活下去的理由。……

學飛的男人
【體驗恐懼、信任與放手的樂趣】
作者—山姆·金恩　譯者—魯宓
定價—280元

爲了一圓孩提時的學飛夢想，山姆以六十二歲之齡加入馬戲團學校，學習空中飛人。藉由細緻的述說，學飛成爲一則關於冒險、轉化、克服自我設限、狂喜隱喻的性靈旅程。

太太的歷史
作者—瑪莉蓮·亞隆　譯者—何穎怡
定價—480元

這本西方女性與婚姻的概論史淋漓盡致呈現平凡女性的聲音，作者瑪莉蓮·亞隆博覽古今，記錄婚姻的演化史，讓我們了解其歷經的集體變遷，以及妻子角色的轉變過程，是本旁徵博引但可口易讀的書。

跟自己調情
【身體意象與性愛成長】
作者—許佑生　定價—280元

身體是如何被眾多的禁忌所捆綁？要如何打破迷思，讓屬於身體的一切都更健康自然？本書帶領讀者以新的角度欣賞自己的身體，讓人人都可以擺脫傳統限制，讓身體更輕鬆而自在！

貧窮的富裕
作者—以馬內利修女　譯者—華宇
定價—250元

現年95歲的以馬內利修女，是法國最受敬重的女性宗教領袖。她花了一生的時間服務窮人，跟不公義的世界對抗。本書是她從個人親身經驗出發的思考，文字簡單動人卻充滿智慧和力量，澆灌著現代人最深層的心靈。

染色的青春
【十個色情工作少女的故事】
編著—婦女救援基金會、纓花
定價—200元

本書呈現十位色情工作少女的眞實故事，仔細聆聽，你會發現她們未被呵護的傷痛，對愛濃烈的渴望與需求，透過她們，我們能進一步思索家庭、學校、社會的總總危機與改善之道。

親愛的爸媽，我是同志
編著—台灣同志諮詢熱線協會
定價—260元

本書讓父母及子女能有一個機會，看見其他家庭面對同性戀這個課題的生命經驗。或許在出櫃這件事上，每一位子女或父母當下仍承受著痛苦與不解，但在閱讀這本書的同時，我們希望彼此都能有多一點體諒與同理心。

在奔馳的想像中尋找情感的歸屬
在迷離的經驗中仰望生命的出口
在波動的人性中鞏定掙扎的路徑
在卑微的靈魂中趨近深處的起落

Story

幸福
作者—威爾·弗格森　譯者—韓良憶
定價—280元

在陽光和幸福撒滿大地，人人微笑而滿足的時刻，由慾望架構起來的城市，卻像骨牌一般紛紛崩解。艾德溫決定了，這是最後的對抗，他必須去殺掉心靈大師，將世界從幸福中解救出來，讓痛苦、災難和髒話重回人間。……

心靈工坊 PsyGarden

生命長河，如夢如風，
猶如一段逆向的歷程
一個掙扎的故事，一種反差的存在，
留下探索的紀錄與軌跡

Caring

眼戲

【失去視力，獲得識見的故事】

作者—亨利・格倫沃
譯者—于而彥、楊淑智　定價—180元

慣於掌握全球動脈的資深新聞人，卻發現自己再也無法看清世界樣貌……這突如其來的人生戲碼，徹底改變他對世界的「看」法。

空間就是權力

作者—畢恆達　定價—320元

空間是身體的延伸、自我認同的象徵，更是社會文化與政治權力的角力場。

希望陪妳長大

【一個愛滋爸爸的心願】

作者—鄭鴻　定價—180元

這是一位愛滋爸爸，因為擔心無法陪伴女兒長大，而寫給女兒的書…

難以承受的告別

【自殺者親友的哀傷旅程】

作者—克里斯多福・路加斯、亨利・賽登
譯者—楊淑智　定價—280元

自殺的人走了，留下的親友則歷經各種煎熬：悔恨、遺憾、憤怒、自責、怨懟……漫漫長路，活著的人該如何走出這片哀傷濃霧？

晚安，憂鬱

【我在藍色風暴中】（增訂版）

作者—許佑生　定價—250元

正面迎擊憂鬱症，
不如側面跟它做朋友。
跟憂鬱症做朋友，
其實就是跟自己做朋友，

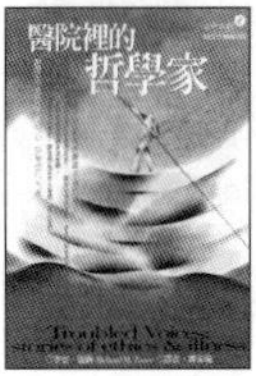

醫院裡的哲學家

作者—李察・詹納　譯者—譚家瑜
定價—260元

作者不僅在書中為哲學、倫理學、醫學做了最佳詮釋，還帶領讀者親臨醫療現場，實地目睹多位病患必須痛苦面對的醫療難題。

與愛對話

作者—伊芙・可索夫斯基・賽菊寇
譯者—陳佳伶　定價—320元

作者以特異的寫作風格——結合對話、詩和治療師的筆記——探索對致命疾病的反應、與男同志友人的親密情誼、性幻想的冒險場域，以及她投入佛教思想的恩典。

愛他，也要愛自己

【女人必備的七種愛情智慧】

作者—貝芙莉・英格爾　譯者—楊淑智
定價—320元

本書探討女性與異性交往時，如何犧牲自己的主體性，錯失追求成長的機會。作者累積多年從事女性和家庭諮商的經驗，多角度探討問題的根源。

瘋狂天才

【藝術家的躁鬱之心】

作者—凱・傑米森
譯者—易之新、王雅茵　定價—320元

本書從多位詩人、文學家、畫家，談從憂鬱、躁鬱氣質逐漸到病症的過程，深刻反省現代醫學對躁鬱症和其他疾病所需考量的倫理觀點。

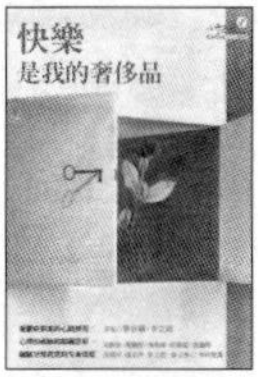

快樂是我的奢侈品

作者—蔡香蘋、李文瑄　定價—250元

本書藉由真實的個案，輔以專業醫學知識，從人性關懷的角度探討憂鬱症患者的心路歷程，以同理心去感受病友的喜怒哀樂，為所有關懷生命、或身受憂鬱症之苦的朋友開啟了一扇希望之窗。

聽天使唱歌

作者—許佑生　定價—250元

我深信唯有親自走過這條泥濘路的人，才真正了解那種微細的心理糾纏、顛覆、拉扯，也才會在絕境中用肉身又爬又滾，找到一條獨特的出路…。

揚起彩虹旗

【我的同志運動經驗 1990-2001】

主編—莊慧秋　作者—張娟芬・許佑生 等
定價—320元

本書邀請近三十位長期關心、參與同志運動的人士，一起回看曾經努力走過的足跡。這是非常珍貴的一段回憶，也是給下一個十年的同志運動，一份不可不看的備忘錄。

心靈工坊 PsyGarden
Holistic 008

心靈寫作—創造你的異想世界

Writing down the bones-freeing the writer within

作者—娜妲莉・高柏（Natalie Goldberg） 譯者— 韓良憶

出版者—心靈工坊文化事業股份有限公司
發行人—王浩威　諮詢顧問召集人—余德慧
總編輯—王桂花　主編—周旻君
執行編輯—祁雅媚　美術設計—雲豹數位
通訊地址—106台北市信義路四段53巷8號2樓
郵政劃撥—19546215　戶名—心靈工坊文化事業股份有限公司
電話—02）2702-9186　傳真—02）2702-9286
Email—service@psygarden.com.tw　網址—www.psygarden.com.tw

製版・印刷—彩峰造藝印像股份有限公司
總經銷—大和書報圖書股份有限公司
電話—02）8990-2588　傳真—02）2990-1658
通訊地址—242台北縣五股工業區五工五路二號
初版一刷—2002年10月　初版三十刷—2013年1月
ISBN—986-80248-9-7　定價—300元

國家圖書館出版品預行編目資料

心靈寫作：創造你的異想世界
作者：娜妲莉・高柏（Natalie Goldberg）；譯者：韓良憶
-- 初版．-- 台北市：心靈工坊，2002〔民91〕　面：公分．（Holistic；08）
譯自：Writing down the bones-freeing the writer within
ISBN 986-80248-9-7（平裝）
811.1

1.寫作法
91016658